唐潤鈿著

文學叢刊之七十四

彩色人生

文史哲出版社印行

國家圖書館出改版品預行編目資料

彩色人生 / 唐潤鈿著.--初版. -- 臺北市 : 文史哲, 民87
面 : 公分. -- (文學叢刊 ; 74)
ISBN 957-549-140-8(平裝)

855　　87005100

文學叢刊 ⑭

彩色人生

著者：唐潤鈿
出版者：文史哲出版社
登記證字號：行政院新聞局版臺業字五三三七號
發行人：彭正雄
發行所：文史哲出版社
印刷者：文史哲出版社
臺北市羅斯福路一段七十二巷四號
郵政劃撥帳號：一六一八〇一七五
電話886-2-23511028・傳眞886-2-23965656

實價新臺幣二八〇元

中華民國八十七年五月初版

ISBN 957-549-140-8

贏得溫馨—代序

十五年前，當我將已發表有關圖書與讀書的文稿整理彙編付梓出版，擬以《書僮書話》作爲書名時，一位長者對書名不表贊同，但也未說出具體建議，也不肯替我另取書名，只是要我再考慮考慮。

爲此我考慮再三，覺得我以圖書館員的立場來寫圖書館與書，書僮書話，這個書名該是很妥當也最貼切的了。但是飽讀詩書的長者爲什麼搖頭不予贊同呢？於是在我考慮之後，我想到兩大問題，第一，也許是以世俗的眼光來看，因爲世人的心態都愛「贏」，不愛「輸」，書與輸同音，書名中有兩個書字，那一定是輸定了，書必然不會暢銷。

其次，我想到的是「男尊女卑」的觀念，女流之輩配談書嗎？那是有學問、有見識的男性世界中的論題，一個小女人怎配談書？小女人只配作丫頭，連當書僮也不夠資格！我很氣餒，恨自己爲什麼生爲女人呢？從小在我的觀念裡，認爲人就是人，沒有男人與女人之別，我曾立志做大事，還想要改造社會，我曾以第一志願政治系考上大學呢！只是自己沒有堅持下去。

爲了取個書名，眞的考慮了很久，而且使我想起許多事，有無限的感慨。但還是想不出別的書名。最後，我把分類彙編好的稿件送呈當時的國立中央圖書館館長王振鵠先生核閱，並請賜寫序文。王館長竟不吝賜正，也替我寫了序文。中央圖書館的元老館長蔣復璁先生也賜寫了序文。因此我也送呈我的頂頭上司閱覽組主任劉崇仁先生核閱，他也替我寫了序文，都沒有說要我更改書名。因此，我便大膽用了《書僮書話》作了書名。

那時我作參考館員，還沒有使用電腦，只能用頭腦，以手到、眼到、腳到、心到、口到的上天下地到處替人找所需資料。這種經驗非一般人所能有，所以當時倒還受到年輕學子與社會人士的好奇，不過，等到增訂再版，已是五年以後的事了。

當時國語日報「家庭版」主編是薇薇夫人，因女兒周密在國語日報代理編輯，薇薇夫人要她帶口訊給我，可否介紹一些適合婦女朋友閱讀的書？後來我試寫了三篇寄去，都先後刊出，並決定以「好書引介」作專欄，每週見報一次，每篇千字爲度。家庭中主婦之外，有男主人，有子女，也有父母，因此引介書的範圍日漸擴大，推展到兒童、男性與老年人，內容有文藝性的散文、小說、詩詞、兒童文學，和修身養性、做人處事與實用的保健醫學等等，各類的書。

記得在民國七十五年元月我應邀參加文建會舉辦的「全國文藝作家文化建設參觀活動」，參觀鹿港龍山寺、台南赤崁樓、孔廟等等有兩天的活動，我有幸而被國語日報推荐，也許是由於我爲該報已寫了兩年多的「好書引介」專欄之故，那次使我見到了許多仰慕已久的文藝界朋友。那時一位任職於自立晚報的羊子喬先生談起該報社出版的由李醫師寫的《現代人的健康危機》，由於許多讀者看了「好書引介」介紹了此書，電話不斷，害他們忙了一陣，不久便就再版。他說現代人都重視健康，保健的書特別暢銷。

那次的參觀活動，增進了我知識的領域之外，還獲得了溫馨的友情，許多初識的朋友都還以爲我在國語日報工作呢。後來選取了一二〇篇，以專欄名「好書引介」作書名出版，現已絕版。

至於其他的散文集中，也都有關於書的文章，如《愛的祝福》（與王令嫻合著），其中有一篇〈坐擁書城〉，在《瓜與豆》散文集中有〈中國人的心聲——讀《邢家大少》、《故土與家園》與《悲歡歲月》等書之雜感〉。〈禍水與完美——讀史雜記，記賢淑的馬皇后〉。〈增廣見聞——讀《海闊天空》〉，〈圖書緣裡最難忘《鏡花緣》——分享讀書經驗〉、〈合適時節花兒會再開——華嚴女士《花落花開》讀後感〉等等。

而商務出版的《文學家的故事》一書，分別介紹李白、杜甫、白居易、元稹、陸放翁、李清照、鄭板橋、金聖歎等十二位文學家之生平、作品及其風格，當然也離不開書。後來我在國語日報少年版、法律常識專刊上寫「法律與生活」專欄及「法律信箱」，也離不開法律條文與書，已選取部份出版了一本《生活法律故事》。

最讓我訝異與驚喜的是，去年夏天赴美探望女兒，在美國洛杉磯轉機時，我隨身帶了一個帆布環保袋，上有「國語日報社」字樣，一位可愛的小姐過來跟我聊天，她微笑著說，您是從臺灣來的？我也報以微笑的反問：你怎麼知道？她指指我的袋子，說她是看國語日報長大的，她隨父母移民美國多年，但仍忘不了臺灣。

我們親切的交談，她的溫馨可愛模樣，一直深印在我的腦海，這一切都因書而獲得。《書僮書話》雖未暢銷，但未曾輸定，卻意外的使我贏得了友情與溫馨。

87、3、11中華日報

附註：以上所寫刊載於民國八十七年三月十一日中華日報副刊，一公開徵稿的「書的故事」專欄。

人世間確有許多意想不到的溫馨樂事，只要不違背善良風俗，不以一己的私利爲出發點，合乎人情人性、及良心道德的傳統觀念而勇於去做，都可能會有可喜的意外收獲，享有溫馨，海闊天空，彩色的人生美景。

彩色人生 目錄

貳、心聲心語

人間神話

愛與關懷
處處溫馨
天堂猶如在人間

溫馨滿人間

「遠親不如近鄰」，是我們大家耳熟能詳的俗語，提醒大家要好好與鄰居相處，彼此照應，有急難時可以互相幫助。

然而，在我的記憶中我周遭的人，無論鄰居、親戚、同學、朋友或是同病房的鄰床病友，在我危急時都會助我一臂之力或以言語鼓勵我，使我脫離痛苦困境。假如要記述他們的溫馨善行，也許可以多得彙集成書呢。現在略記一、二於後：

風行中的芳鄰與親情

我家住在板橋大庭新村眷舍有十二年之久，受到鄰居的照應很多，尤其剛搬去的第一年夏天。外子出差赴美，那時孩子幼小，而遇到葛樂禮颱風來襲，石門水庫爲了安全起見決定洩洪，因此造成板橋與很多地方洪水滾滾。是日午飯後，我家院子裡有點積水，最初我不以爲意。自治會會長派人敲鑼打盆叮叮噹噹邊敲邊喊著：「漲水了，大家小心防範，東西往高處放，人到安全地區躲避。」我怕風雨，不敢外出。我想自己家最安全。但怕萬一進水，所以我把怕水的東西儘量往高處放，堆在桌上、櫃子上。一會兒水眞的流進了客廳。我很害怕，我想還是把孩子帶到屋頂平台上去躲避。

我們母子女三人蜷縮著坐在平台矮牆角的小板凳上，披著毛毯在風雨交加中不吃不喝坐了十八個小時。到次日清晨，我聽到有人叫門：「周太太，你家還好嗎？現在雨小了，水也退了。」是對門鄰居許太太的聲音。

我下去開門，因水退後留下的泥漿太滑，我摔了一跤，不但弄髒了衣服，右臂也摔破了。許太太讓她的大女兒回家拿了紅藥水與紗布等，替我清洗包紮。隔壁張太太把我家兩個孩子接過去吃早餐。家裡櫥櫃內的衣物全泡水，床上也全是污泥。我弄來了一些水把木板床清洗了一下，而後上街去買蓆子、毛巾被，下午便和孩子躺在床上。忽然門鈴聲起，原來是住在基隆的桐蓀叔叔因到板橋順便來看看。他看到我家如此髒亂潮溼，兩個孩子還居然睡在屋裡，他說：這樣會生病的。他讓司機去抱他們出來，坐上他的車。於是我跟鄰居打了個招呼，便去基隆。

當我到達叔嬸家門前石階，我竟不能舉步，後來勉強進了屋子。嬸媽說：「一定是淋了雨受風寒。白蘭地可以驅寒。」就倒了一小杯酒給我，我就當藥喝了，次日居然不藥而癒。我記掛著遭洪水洗劫後的家園，把孩子留在叔嬸家，一早又趕回板橋。那時國防部正在分送救濟物資給每家受災戶，有棉被、床單與乾糧等等，也派了許多士兵來清理污泥、雜物與斷樹折枝等等。我家也在士兵與鄰居協助下（後來丈夫也及時回來），才得以度過難關。

摔斷腿那晚與出院時

斷腿一事是發生在今年八月中旬。我光腳從洗澡間出來拿衣服準備洗澡，竟一滑摔倒在浴室門外，站立不起。家中只有我一人，我爬到客廳打了電話給住在隔壁的九十歲嬸媽，說我的右腿摔斷了，我想打一一九請他們送我去醫院。可是門被我拴上，嬸媽開不了門。

我的右腿愈來愈痛，千辛萬苦的爬到門口，可是站不起來，無法開門。站在門外的嬸媽打電話給她的兒子與姪子，即我的堂弟與表哥，連住在基隆七堵的表哥嫂也已來到，而我仍無法開門，而且已痛得不能動彈，全身汗流浹背，衣服濕透，口又渴。他們在門外叫我放心，熱心的對門鄰居說，我去打一一九，請他們派雲梯車爬進窗戶後開門。也算幸運，慕川弟找來了做鐵門的師傅把門打開了，一一九也派來了救護車，我在聲聲喊痛中躺上了擔架，由表哥嫂陪同直駛榮總急診部。次日動了手術，一週後返家。

我出院返家的那天下午，打開大門，但裡面木門也鎖上了，而我未帶那鑰匙，我扶著四腳助行器，腿又陣陣抽痛，不知如何是好。正好對門好心的鄰居王小姐出來，她幫我去找鎖匠開了門，同時告訴我，嬸媽於上午由一一九送醫院去了。

我著急心慌，擔心嬸媽不知是什麼病，我又不能去看她，而更覺自己孤苦無援。因爲接我出院的小叔與姪女有事，早已說好送我回家後他們馬上就要離開。而臨時照顧我的張太太晚飯後也要回家，本來洽商好晚上來陪我的杜小姐又聯絡不到。

鄰居王小姐說：「沒關係，今晚我來陪你。」可是我想，不行。因爲王小姐那天是因爲肚子不舒服請假而沒上班，她應該在家好好休息，所以我婉謝了。但是熱心的好鄰居還是爲我們叫了晚上的便當，她留下了她家電話，說有事需要幫忙儘管找她。我好感激，那晚假如沒有她的幫忙與精神鼓勵，我眞不知如何度過呢？

我是何其幸運，到處受到好鄰居的照應，且也常受到住在遠處的親戚及時伸出援手，使我度過多次人生關卡。我感謝他們，也愛他們。

然而，現代人常感歎，如今工商社會，每家都爲生活奔忙，處處顯出人性的自私與冷漠，整個社會也是冷酷無情。可是我卻要高呼：

「芳鄰可愛，人間處處溫馨！」

原刊於民國84年12月11日中華日報

人間神話

自臺北來到美國女兒家已小住一個半月，閒暇時每天晨操、散步，呼吸新鮮空氣，看綠樹鮮花，看晴空，看飛雁，聽鳥鳴，享受著清閒。

一天上午我和女兒周密在家看報，我看世副找好文章，她在看八月廿三日的世界日報「家園版」，她突然把那份報紙遞給我，並說：「媽，這眞像是神話，離別了四十多年的九兄妹九對夫婦能夠在國外團聚。」

當我接過閱畢，也認爲像是奇蹟。作者鄭武飛的這篇文章是這樣開始的：「在美國感恩節和聖誕節以及國內的除夕是家庭團聚日，以健在的父母爲重心，而大小團聚。父母已故，分門立戶，再擴向團聚是很少見聞，在此我願意將去年經歷的一次大團聚與讀者分享。

於是他寫下了在他父親去世五十周年時，他萌生了九兄弟姊妹在有生之年來個大團聚的構想。他提出後，衆兄妹姊弟都熱烈響應。於是他先決定大團聚地點在泰國曼谷的大姊家，大姊家寬敞，也便於爲大陸的兄妹出來開眼界的最近據點，在大陸以外的衆兄姊則集資資助大陸的弟妹。

大陸的三戶幾經周折，尤其小妹夫向單位提出申請的第一關的答覆：「你愛人去探親，何必你去？」最後以數千元人民幣作保證得以成行。九月一日到四日各方夫婦連袂抵達。四日至十日這七天是大團聚週，餐飲、晚會、旅遊，行程安排得滿滿的。

他們在憶舊晚會中，大哥講述慈父嚴母的教養方式與父母相敬如賓的恩愛情形。大姊與姊夫追憶大陸易主後赴泰創業的艱辛歷程，各弟妹也補充往日舊事。終場時七弟妹給大哥大姊致贈禮物，是個大鏡框，鏡框右側是兩張當年在上海舊居照與母親帶領九子女掃墓的合影各一幀。這鏡框將他們五十年（一九四五—一九九五）的時空和分散遠離的手足之情聚集在一點。

此文提到上海，也使我回憶起童年往事。我的故居在上海近郊，抗日戰爭時我們全家逃難到上海法租界，母親就在是年冬天因勞累驚慌，體力不支下難產去世。那時我八歲，從此遭受失恃之痛，幸賴大姊照顧。後來父親續絃。一九四一年珍珠港事變，日本侵占上海英法租界，父親幾遭日本兵的逮捕，有幸逃離魔掌與繼母離開上海，我寄居在大姊家，至一九四五年我初中畢業離開上海返回故鄉教書。我於一九四八年春赴台就學就業結婚，四十年後返鄉時，父親大姊二姊均已不在人世，只見到繼母與小妹妹夫、弟弟弟妹及姪兒女輩，家鄉人事景觀皆已全非。

鄭先生兄妹何其幸運，能各帶著另一半團聚相見，且九兄妹分散在丹麥、荷蘭、泰國、美國和中國故土，來自九個不同的城市。有初次見面的，有別後四十七年重敘的。此文最後結語：「即使你無信仰，至少也當承認，這是需盡人事聽天命的奇蹟，寫此文的主旨是傳一個信息給有兄弟姊妹的讀者……你們爲什麼不也一試呢？」

他們的相聚眞像是受到「神助」，也證實了家庭是愛與溫馨的泉源。我欣羨他們相見的歡樂，也分享他們的手足情深與友愛孝思。時空與人爲因素常造成人間種種的別離，也爲「別時容易見時難」，古今之人所共同的感傷作了又一註解。

我們眞該爭取與珍惜任何相見歡聚的機會，親情與友情是何其可喜可貴！即使是人與人之間，平常、平靜、和樂的歡聚也是多麼的美好，歡聚比別離幸運多多。

（寄自密蘇里）

原刊85年10月10日北美世界日報

人生有歌

假如有人說：「人生有歌」，也許我們會想到只是一首悲歌，而不是快樂頌。因爲在我們週遭所聽到、遇到的人生不如意事與痛苦煩惱之事居多。我們每一個人每天也都在爲生活奔忙、操勞而時有抱怨或感傷。更有消極悲觀的人說：「人生苦海無邊」。小孩爲什麼一生下來就哭？就因爲人生苦難，怕到人世來受苦。這一切都會讓人感染到人生的痛苦與無奈。

然而，當我們讀了鍾麗珠的「人生有歌」這本散文集，一定會讓我們對人生有新的詮釋。不但人生有歌，而且人生是一首快樂頌。只要自己以溫厚的心情來看人世間的一切，就會體驗到人生美好的一面，而感到溫馨與和樂及舒暢。

鍾麗珠筆名丹荔，曾任中華日報記者及台視文化公司家庭月刊編輯，曾爲多家報刊寫過專欄，出版的散文集有「廚房外的天地」、「幸福的時光」與「拙婦」等書。她自幼喜愛音樂，但由於戰亂等環境關係，未能如願。四十年前，她隨父母家人來台後，她工作、結婚、撫育子女長大成人，她升格爲祖母輩而仍未忘她幼時的喜好，她也隨時把握機會去聆聽出席歌唱會、音樂演奏會等等。她參加文友合唱團十餘年，跟蕭老師學聲樂也已七年餘。

在這本書裏，她把她生活中的情狀與歡樂的心情付諸於文字。她的甜蜜家庭與週遭的人事景物，栩栩如生的跳躍於我們眼前，使我們分享到她的快樂。書前有她的丈夫林伊祝先生於他倆結婚四十週年時寫的文章作爲代序。他先戲說她的迷糊，而後以幽默的筆調說她高齡拜師學聲樂，每週一次長途跋涉去上課，十年如一日，風雨無阻，從不缺席。也許是上帝垂憐，同情她對音樂的那份熱愛與執著，而賜給她一副好嗓子。她在家隨時隨地都唱，唱得飯糊菜焦也不改其樂。他自己呢？只好兩害相權取其輕，抱著「與其聽她囉唆，不如聽她唱歌」的情懷去面對她，每天不得不裝出一副「天下知音，捨我其誰」的笑容，洗耳恭聽。

由此代序文看來，可見他倆伉儷情深，所以她便有一副好心情來歡唱人生，但也是由於她先付出，而後得到的回報。

在這本「人生有歌」一書中的文章共分四輯，第一輯「天倫歌」，收錄的有「室內那一盞燈花」、「二重唱」、「天天星期天」、「永遠的臍帶」、「奉獻一輩子」等篇，記述她對丈夫子女的深情摯愛。第二輯「懷念曲」，有「黑緞般的長髮」、「不忍重讀的詩」、「一束白色的康乃馨」等篇記述她與她的丈夫對親人的追思懷念之情。第三輯「人間情」，有「心願」、「期待」與「人與蛇的戰爭」等篇，記述她週邊的人物情事。在「人與蛇的戰爭」一文中，描繪了她獨自一人在家面對兩次蛇的侵入而打蛇的經過，兩條蛇居然都在她的鎮靜而奮勇中喪命，她能臨危不亂，也眞令人欽佩。第四輯「抒情調」，有「愛情的喜悅」、「這一生，我將無憾」「享受音樂」、「難忘的歌」、「心中草原」等篇，都是記述她對音樂的喜愛與感受。讀了她的文章，得知她爲何會比別人快樂？因爲她心中有愛有歌，她溫柔敦厚，先爲別人設想而後再想到自己，最後她與她的家人全享受到歡樂，也帶給我們讀者悟到如何擁有愉悅的人生。

84年3月16日青年日報

天堂幻夢

童年時，我在上海讀書，上學時每天經過一家花店，陳列著五彩繽紛的可愛鮮花，我總要看上幾眼，很想買，可是沒錢，只好走開，那時我想，媽媽在美麗的花園裡一定看到更多的花。我希望媽媽回來時給我帶很多很多的鮮花，她知道我愛漂亮的花花。

當我經過一家香噴噴的麵包店時，看到各種剛出爐，令人垂涎香氣四溢的麵包、蛋糕與可愛的糖果時，我也會想到媽媽。媽媽在風景幽美，有清溪，有花，什麼都有的地方，那兒一定也有麵包蛋糕，她回來時也一定會帶給我愛吃的蛋糕。

同學們每天都有媽媽接送，而我家離學校近，我每天都自己上學，而且我的媽媽不在家裡，她已走了很久了。姊姊說：「媽媽在天堂，在遙遠遙遠的藍天之上，那是一個風景幽美的地方，那兒什麼都有，還有會飛的小天使……」

我在上學往返途中，有時會看到很像媽媽身影的人，我匆匆趕上去看個究竟，並喊著「媽媽」。而人家回過頭以懷疑、怪異、凶狠的眼光望著我，好像在說：「小白痴，連自己的媽媽都不認識。」那時我心痛，想哭，才知道那不是我慈祥的媽媽。

爸爸整天在樓上開會，或跟朋友談論，後媽常在房間看書，我問姊姊：「我們的媽媽為什麼要去天堂？她是坐飛機去的嗎？什麼時候回來？」

姊姊不說話，眼眶有點紅，有一次她說：「媽媽在天堂，不會回來了，只有將來，我們到了天堂才能見面。」我更好奇地問：「那我們寫封信去，向媽媽問好，好嗎？」

姊姊說：「好，不過先要把功課做好，而且要用功讀書，書讀得多，信才會寫得好。」

因此，我努力讀書，讀學校的課本，也讀課外的書，也養成了記日記、愛寫信的習慣，在作文與日記，我常寫思念媽媽，或是以一封寄給媽媽的信來替代。連陸老師也哭了，在發還本子時讓同學讀給大家聽，因為陸老師也是幼年失恃，同是幼年失去母親的可憐者。因此，陸老師特別照顧我這沒有母親的孩子，她常常教我們用功讀書之外，也借給我們看她愛讀的書。

陸老師更鼓勵我多寫，可以寫給母親，給認識的親朋好友，也可以給不認識的天下所有的人。你可以描繪幻想的天堂美景，也可以寫你的所見所感，或者寫你的讀書心得。總之什麼都可以寫。

民國三十年十二月八日珍珠港事變，日本占領上海英法租界之後，父親因是國民黨留駐在上海的工作人員，幾遭日本人逮捕，後幸而脫險，與後母一起逃離上海，我就留在姊姊家。那時我申請到上海新聞報的助學金，後來我以小學五年級的同等學力考上了私立新本女中，因那時上海淪陷，被日本人占領，不願讀公立學校受日本人管轄，所以讀私立學校，我都把這些事記述下來，要寄給父親看，可是因在淪陷區，種種問題無法寄出，就像要寫信到天堂給媽媽一樣，沒人可以傳遞，因此也都擱置在我的抽屜裡。

我初中畢業那年，因姊姊要去杭州，我回到了故鄉教小學，我常與初中最要好的同學寫信，說我很想來上海繼續升學，同學也鼓勵我，而父親與繼母都認爲女孩子在家鄉教書較好，親命難違，我只得忍耐著，教了兩年半的書，但由於我的一封信改變了我的命運。

因爲當時我想到任基隆港務局港務長的堂叔，我就寫了一封信給他，說明我想繼續升學，或出外做事，想看看外面的世界，不願一輩子屈居鄉間。叔叔回信時說：一弱女子在學識未豐時怎可外出就業？他希望我繼續去上海讀書，他可以匯寄學費給我。我即刻回了一封信，我說，那不是學費的問題，而是觀念問題。我不可能在上海讀書，假如嬸媽在基隆的話，我想來臺灣讀書，也眞是巧事一樁，一位在輪船上工作的親戚自臺灣回到家鄉，他說嬸媽與叔叔都住在基隆。

因此，我不等叔叔的回信，就偷偷的離家來到基隆，就此在臺灣讀高中而大學、工作、結婚、生兒育女，一住四十年。這四十餘年來，以前我記述在臺灣就讀與生活情形寄給在上海的父親。後來父親去世，我傷心地寫下「思念父親」，關於我工作、讀書心得、家庭瑣事、週遭所見所聞，都不斷地記述下來，竟先後寫下了「文學家的故事」、「書僮書話」、「革命詩僧——蘇曼殊傳」、「好書引介」、「愛的祝福」與「生活法律故事」等十餘種。

我每看到任何特殊或可愛的事物，就會想到母親，那天堂的美麗幻景在我眼簾顯耀，迫使我用文字記述報導，就如童年時陸老師所說：用筆寫下來，什麼事都可以寫，但現在回首看來我的那些拙作，都在記人記事，也不忘記述有關書的種種，知性的多，寫景抒情感性的較少。

由於母親辭世以及姊姊與陸老師的鼓勵，使我興起寫作的動機，也許更由於天堂幻夢在導引我，我能在寫作時忘卻一切煩惱愁苦，而得到寧靜平和，像生活在一個人間天堂，因此誘導我走向文學之路。

原刊85年9月18日臺灣新生報

倒霉卻是轉機

人世間的事我認爲很難預料，雖然爲自己想好一條該走的路，但不一定會達到。當時認爲倒霉，但別氣餒，只要自己努力，下功夫，可能會開創出另一條路，倒霉卻變成了轉機，這是我的親身經驗。

我參加大專考試時還沒有聯考，那時我寄居在基隆叔嬸家，我決心要考臺北的師範學院（師大前身，以前稱爲臺灣省立師範學院）的教育系。

我投考師院的理由，在校可享公費，畢業後可分發工作。

參加考試的前一天，桐蓀叔叔替我安排住在臺北永康街的他的同學胡衛良先生家。次日一早胡伯母余毓英女士替我叫了一輛黃包車，告訴他送到師院的入學考場。一到了考場，下了車我揹著書包，手中捏著准考證，一間間教室查看，居然在一間教室門前發現了我的准考證號碼，我好高興。因爲到得早，還有時間看書，因此我從書包裡拿出我的《大學入學考試指南》，翻看我尚未看完的歷史。

考試預備鈴聲響起，我把書放進書包，拿出筆盒，捏著准考證。書包不得攜入，我祇好把它在教室門外。我因沒人陪考，好擔心書包怕被人順手牽羊，考試時心很不安。那天國文考題還不難，只是作文「良師興國」，我先是不知如何下筆，等到文思來潮時，時間不夠，只好草草結束。繳了考卷出來，我的書包雖然仍在原地，但是少了我的那本考試指南，影響了我往後的考試情緒。等到全部考完，我總覺得倒霉透頂，一定沒有錄取希望。我回到基隆，桐蓀叔問我考得怎樣？我據實以告，書被偷，歷史又沒看完，他嚴肅的說：「考試是大事，為什麼不事先準備好？而要臨陣磨槍呢？」我難過得低著頭，無言以答。

於是，我開始專心一志準備考臺大，去考場時我什麼都不帶，以免累贅，又怕被偷而分心。反正孤注一擲，我一定要考上，我沒有別的退路。

師大果然落榜了，而我卻考上了臺大。後來我就住進臺大女生宿舍，在校登記做工讀生，也擔任家教。叔嬸對我雖好，但我要自立，除非不得已不向叔嬸求金錢上的幫助。

年輕時，我考不上師大而認為倒霉，其實卻是給了我另一條路，後來，我在圖書館工作，業餘寫作自娛，一路行來，雖曾艱辛，但由於自己的努力與自由的選擇，終究無怨無悔。現在回憶起來也是一種甜美。正如在五月廿五日「最後的衝刺」這專欄中傅佩榮教授所寫〈享受奮鬥的過程〉吧！

師生情意長

四十年前的高中國文老師，竟於異國在學生的女兒的婚禮上師生重逢，這人生的巧遇眞像是一個喜悅的夢，一篇小說的好題材。然而，那是眞實的，不是虛構的故事。但我把老師的大名改以王良替代。

王良是我就讀省立基隆女中高二時的國文老師，那時他年輕、瀟灑、開朗，愛唱京戲，上課講到戲曲，下課後他便會在宿舍放「打漁殺家」的唱片給我們學生聽。他笑口常開，他愛講故事。我們全班學生幾乎都喜歡他。後來聽說王良老師在跟一位童琳女老師談戀愛。我們班上同學谷芳曾在車站遇到他們二人一起等車，桂音也說在電影院裏遇到過他們。我們大家都認爲他們二人郎才女貌，是非常理想的一對。

高二暑假，谷芳以同等學力考取大學，我們大家都好羨慕。那是民國三十八年，她在大陸已讀過高二，來臺時插入我們高二這班，他沒讀高三，卻考上了大學！

當我們高三時，王良老師仍然教我們。但他臉上的笑容消失不少。據說他失戀了。又聽說他準備考研究所。很是用功，常熬夜，可能睡眠不足。但我們是學生，誰也不敢去問他，然而大家都很關心他。

畢業的日子日益逼近，大家離情依依，都去買紀念冊請師長同學們題名留念。通常寫的都是鼓勵的語句，而王良老師卻在我的紀念冊上寫著：「愛所當愛，恨所當恨」。我覺得怪怪的，便傻乎乎地問他是什麼意思。他沉思了一會說：「我以前在大公報上看到的」。他靜止了，我也不曉得該說什麼。「嗯」了一聲，便回頭就走。但「愛與恨」這些語句卻一直留影在充滿幻想的女孩的腦海裏。想不透他爲什麼要寫在紀念冊上？不過，後來忙於準備考大學，我也沒時間再去深究。我所渴望的是考上大學，一心期待著放榜的日子。

那渴望的日子終於來到，在榜單上有我的名字。

我去大學註冊時，在寬廣的校園中意外地發現了王良老師。由於他的指點，我才有了方向感。他因有事需外出。匆匆地留下了電話號碼，若我需要他幫忙，可以打電話給他。次日，我打電話向他道謝，說一切手續都辦好了，且已搬進第三女生宿舍。他說下班後到宿舍來看我，想陪我在校園走走，好讓我熟悉環境。

他像是一匹識途老馬，帶我走遍了校園的每個角落，我們邊談邊走。最後他作了決定，要我連繫班上同學，選定一個日子去碧潭划船。

在我辛苦奔走聯絡下，祇約到了谷芳、桂音與文芝，他約了英文老師鄭憲。一起到碧潭划船，攝影，玩得很是盡興。

開學後，我們各自忙著課業，不常見面。我又擔任了家教，教小學三、四年級兩姊弟的數學與國語，眞是忙上加忙。這暫且不談，而所苦的我是南方人，國語不太標準，以前雖學過一點注意符號，但還是不會拼音。有次在校門口巧遇王良，我說著我的近況與苦經，想辭去教職，而他鼓勵我，並自告奮勇的要教我注音符號。後來他又借給我國音字典，我好感激他。

有一次，他說他與他的一位研究所同學想請谷芳與我去看電影。當我轉知谷芳時，谷芳好高興。他的同學也喜歡京戲，他們二人都是學校國劇社的社員，谷芳也愛唱戲，後來她也加入國劇社。我對京戲沒有興趣，且又忙於課業與家教，沒有參加。他每天也很忙，但他仍然抽暇教我注音，我的國語也大有進步。

大二暑假，由於系裏同學的慫恿，我報名參加學校的金門暑期軍中服務隊。出發前比較忙，王良來宿舍找我多次未遇，他大概有些生氣，但他以緩和的語氣寫了封信給我，說他在學校餐廳裏遇到一群群、像是要外出勞軍的年輕同學，說他們擺出了一副藝人的姿態。他感慨地說，爲什麼事情還沒做好，先來大吃大喝，就要裝成凱歌而歸那個模樣。他又說幸好在那人群中沒有發現我，他很希望我以原有純良的本性去感化他們，而不要被同化了！最後他寫著：「我希望你利用未來一個月暑期服務的時間能多看多認識些人，也能交到些志同道合的朋友。」內容大致如此。

我與同學們在金門的風沙中（那時金門尙未綠化），來回奔忙的日子裏，我內心卻很孤獨，時時會想起王良老師，我覺得他眞是我生命中的良師益友，我也想起高中畢業紀念冊上他題的「愛所當愛，恨所當恨」用意何在？更想鼓起勇氣問他，是否愛我？

然而，當我自金門回到學校的第一天，卻遇見他自第三女生宿舍出來。我猜想他一定是送了谷芳回宿舍。不知怎的我很生氣，匆匆走過，不理他。

谷芳已大四，我也大三，我們女生在宿舍閒聊時都會彼此嘲弄或自嘲。說著大一女生俏，大二嬌，大三拉警報，大四沒人要。谷芳說她已拉過警報，現在是沒人要了。當時我突然有一個奇想掠過腦海，覺得王良與谷芳也很相配，因爲他們都是北方人，且有共同的嗜好。

大四下學期時，我接受周的求婚，我們決定大學一畢業就結婚。在婚禮上谷芳欣喜地向我們祝福。王良老師禮到而人未到。次年，他與谷芳結婚，我因懷孕也祇好禮到人不到。他們婚後不久便雙雙遠赴歐洲。

此後，很久沒有音訊。而由於桂音的丈夫在電力公司工作，他的一位同事與王良是同學，所以從桂音那兒會知道王良與谷芳的消息，知道他們的兒子學醫。後又聽說娶了位自美國赴歐的交換學生。隨美籍太太赴美。後在美國路城一家醫院做實習醫生。

我的女兒在美國結婚時，王良與谷芳正赴美探親，因是同一地區，彼此認識，所以他們父子婆媳一家四口都在我女兒的婚禮中出現。外子與我也爲了女兒的婚姻大事遠赴異邦。使我們兩家人在婚禮中彼此見面。我訝異欣喜異常，也使我墜入了少女階段的時光隧道中。當我重又回到現實時，我想，這不是人生舞台劇的大團圓，最完美的安排嗎？

81年11月17日中央日報

因爲自閉

我的一個朋友兒子頑皮搗蛋，破壞性強，不專心讀書，所以被分發在放牛班。

這孩子自幼就跟別的孩子不一樣，在二歲以後，常會無緣無故地發脾氣、哭鬧、不肯說話。有時很安靜，他愛玩一條花毛巾，愛玩滾動的東西，一個人自顧自地玩，可以玩很久。他只愛吃肉與蛋糕，愛喝果汁。別的都不大愛吃，有時哄了半天才吃一口，一不小心就被他傾倒在桌，或連碗盤都丟在地上，常常弄得滿桌滿地的髒。罵他，他嬉皮笑臉滿不在乎，打他，他也不喊痛。

有時帶他去餐廳吃飯，而他只喜歡看牆上的畫、花盆裡的花、魚缸中的魚，對吃沒有興趣。他會拿起湯匙或碗筷丟向鄰桌，害得父母連連向人家陪不是，遇到情緒不佳的食客，不但投以厭惡的眼神，還會低聲地說：「沒有教養」。父母何嘗不管教，只是他脾氣古怪，再教也沒效。父母只怨自己命苦，生下如此不乖，討人厭的兒子！

送他上幼稚園，時常發生意外，老師爲了保護小朋友們的安全，只得讓他孤立，教小朋友都避而遠之。他幾乎沒有一天不闖禍。父母向學校賠償損失與道歉之外，最後只得退學，也連連搬家，此後不停地轉換學校。總算讓他混上國中，這是惟一可以告慰的，然而分在放牛班，是一大隱憂，將來如何升高中？而且最近得知他的種種怪異行爲，是自閉症患者所特有的徵狀。可是他的外表沒有一點異樣。一副聰明伶俐相。故在班上老師常爲他成績不好，不用功而加重處罰責打。由於他的不合群而被同學視爲孤傲而訕笑，作爲欺侮的對象。近來他不愛上學，連書包也管不住，有時還會忘了回家，害得父母著急憂心忡忡，報警尋找。爲此種種困擾，我的朋友全家都心疼難受，不知該向誰去訴苦求助。曾去求神問卜，尋求偏方，期待奇蹟出現，然只是浪費錢財精力而已，因此朋友一家情緒低落，似乎也抬不起頭，覺得家有殘障兒是家庭的不幸，也是恥辱，今世沒作錯事，大概是前世作了孽。

因爲自閉症，與智能障礙、唐氏症、腦性痲痺、情緒困擾等同屬心智障礙的殘障類。在智力上與社會能力適應上，有著雙重缺陷，父母不能照顧他一輩子，將來他如何生活呢？我的朋友爲此心疼、心碎。我看在眼裡，無法一伸援手而覺無奈，也爲此難過，這使我想起十五年前我家老鄰居的小女兒因行爲異常而求醫，診斷結果可能是自閉症，當需觀察與作測試，後來他們搬家了，彼此沒再連絡。

說來也是巧事一樁，最近在一次喜宴上遇到老鄰居倆夫婦，於是談及別後種種，得知他們的近況，小女兒也在美國讀大學。於是我述說朋友爲自閉症兒子苦惱不已之事，他們的經驗是，最好在學齡之前把孩子的怪異行爲糾正過來，因他們及早發現，所以小女兒上小學時已經跟正常的孩子一般，直到高中畢業，老師和同學都不知道她患過自閉症，連她自己也不知道，只是她在校數學不好，從來沒有考及格過。高中畢業後，無法通過聯考進入大學的窄門，幸而政府開放高中畢業生可以出國留學，所以他們讓她跟姊姊一起去美國，姊姊進研究所，她讀大學，學電腦必須修數學，而她很害怕，姊姊鼓勵她，也教她，現在已大二，數學成績也不壞，鄰居太太高興地說著，並說她己提前退休現在自閉症服務協進會做義工：協助教導自閉症學前教育班的幼童，而且她曾在寒暑假去美國進修，不久又要出國研究心理學與特殊教育，以她的實際經驗應證學理，期使將來能更有效的來導引自閉症兒童進入常態，這眞是一個令人欣喜的好消息。

自閉症的特殊教育，先進國家也在不斷實驗摸索中，我們目前是在起步階段，臺北縣自閉症服務協進會附設的學前教育班今年二月才成立。臺大醫院精神科兒童心理衛生中心有自閉症的醫療諮詢。

最近朋友和我一起去參觀臺北縣自閉症服務協進會附設的學前教育班上課情形。那時是一位林老師在耐心地教五個較爲嚴重的孩子唱遊。每個孩子都由母親陪同，一起跟著音樂節拍跳舞。可是有的學生就是不肯合作，賴在地上，哄他拉他都無效。而已近十一時，即將放學。

後來林鳳嬌老師出來和我們談她的教學經驗，她自國小教員退休，來這兒任教半年多。已有一期結業（四個月一期），她把上學期結業學生家長謝函和老師對學生的評語記錄等整理成冊。在在說明學生在進步中，她們教學的辛勞沒有白費。上午這班學生自閉症程度較爲嚴重，下午的一班情況較好，有十個自閉症兒童上課。

我們爲了想對自閉症多所了解，決定也一看下午班的上課情形，常務理事爲我們對自閉症病患者的關懷，所以她送我們有關自閉症矯治等資料，並說她自己有一個自閉症兒子，現上小學五年級，還有一位幹事的弟弟也是自閉症。我的朋友感歎著：天下怎麼有那麼多令人心疼的孩子！

下午二時，我們坐在教室外，自窗戶望著十位媽媽各帶領著自己的孩子，隨著兩位老師跟著音樂節拍手舞足蹈。孩子們大致都還會跟著蹦蹦跳跳。因那天下午停電，三時至四時的課沒法上，於是提早放學。有一個孩子在媽媽教導下說：「林老師再見」、「蔡老師再見。」那位媽媽連連誇他聰明、乖。老師與孩子都同時笑咧著嘴。

林老師說：自閉症程度有輕重之別，但在特殊教育之下可以使重症的程度減輕，程度較輕的可以進入常態，要多鼓勵，不要責罵，最好家長也能配合教導，孩子的進步也更快速。至於青少年自閉症患者又將是另一種教導方法，可能比較費力，但是我的朋友的心境開朗了不少，她決定要向專業機構求教，並要動員全家協助令人心疼的孩子走出自閉的重圍。

據說自閉症兒童通常都在二、三歲時因語言與行爲問題而被發覺。其實在五、六個月時已有徵兆出現，比方說嬰兒在半歲左右，母親餵奶時會望著母親笑。所以那時假如母親對嬰兒笑，而他沒有反應，在吃飽睡足之後會自得其樂地看著天花板，或玩自己的手，不需要抱。走過他的身邊也常缺乏反應，父母要去抱他時也較少有手舞足蹈高興的表情，這表示已有自閉症的傾向，若到了二、三歲還不講話，用手勢表示要某樣東西，跟他講話，他愛理不理像個聾子般聽而不聞，常是我行我素，不怕危險、不怕痛，極端好動或過度安靜，莫名其妙的笑，態度冷漠，喜歡旋轉的東西等等，這些行爲都是自閉症的特徵，若有此種行爲該及早求醫矯治。

若是到了青少年階段的自閉症孩童，治療起來就比較慢，這也得看自閉症程度輕重而定。不過，無論孩子的身心殘障程度有多嚴重，父母們請記住：你的孩子仍然有權利生活得像一般人一樣有尊嚴。他需要學習，正常成長。父母應該儘量提供孩子一個充滿關懷的學習環境，以一般常態的心管教他，讓他培養良好的行爲規範與生活習慣，唯有如此，纔能讓社會上的人接納他們。如果你認爲你的孩子在接受教育或其他相關服務時，受到歧視及不公平的待遇，你應該透過適當管道反映你的意見，以便有效地爲孩子爭取權益。最好與專業人員密切配合，切實執行相關的治療或學習計劃，一切的訓練、治療愈早開始愈好。

83年9月4、5日臺灣日新生報以（上）（下）刊出

附註：如有自閉症或其他心智障礙可洽詢以下機構：

1. 臺北縣自閉症服務協進會聯絡處　三重市自強路二段九十三號（厚德體操館地下室）
電話：（〇二）九八七二一七六

2. 臺大醫院精神科兒童心理衛生中心　臺北市中正區常德街一號
電話：（〇二）三一二三四五六轉六五九七·六五九八

3.中華民國智障者家長總會　臺北市濟南路二段四十六號四樓
電話：（〇二）三二一九〇二五

走過人生關卡

——記羅蘭女士遭車禍及其它

星期日早晨七時半，我因昨夜失眠，下半夜起來吃了粒Ativan鎮靜劑睡得正酣時，卻被外子叫醒：「今天不望彌撒嗎？」我說：「要！」即刻起床梳洗，忽聽得電話鈴聲，我即刻接聽，原來是可親可愛的熟悉聲音，以前是警廣「安全島」節目主持人，在二十多年前是遙不可及、高不可攀，一向爲我所景仰心儀的羅蘭女士。後因機緣巧合，近二十餘年來，我們竟成了朋友。她似大姊般的提携我照顧我。前年四月，我遭車禍右臂粉碎性骨折。她讓子媳素清燒了雞與鱒魚等親自送給我，這種關愛之情使我永生難忘。她比我年長，但總是神采奕奕，不像我大小毛病不斷。我們有時約在圖書館見面，有時文藝界集會或朋友餐聚時聯天，平時偶爾也通通電話。

星期日一早會有她的電話，這似乎極不尋常，我喂了一聲：她說：「唐潤鈿，我現在在醫院。」我以爲她在醫院探望朋友，就如前年我遭車禍，在臺大醫院急診部要外子代我打電話向文友小民求助，所以我想她的朋友一定也是我認得的，我平靜地聽著：

「昨晚總統府音樂會，我坐朋友的車一起去，還沒坐穩，車門也沒關上，而司機竟開車了，我從車上摔下，跌斷腿骨，朋友就近把我送進中山醫院，也有朋友建議我轉馬偕或長庚醫院，但是我覺得中山醫院離家近，離朱旭（她的公子）辦公室也近。」我壓制住內心的激動說：

「中山醫院的骨科鄭醫師很好，那年我髖關節發炎，並有一塊脊椎骨壓住神經，腿痛得不能舉步，由同事從辦公室送我到公保後住進中山醫院，骨科鄭俊達醫師診治，並要我每天做運動，到現在沒再發病。」這是事實，也是我安慰讓她放心的話，而她說：「我的腿要開刀，肇禍的車是朋友的，我怎能向朋友要求什麼，我又沒公保勞保，受罪受痛還得……」我知道她爲這無妄之災的後續問題而煩心。我勸她不要煩惱，最後我說：「我望了彌撒後即刻來看您。」

我望彌撒時，一心想著羅蘭姊目前的疼痛與開刀等問題，並不斷地爲她祈求平安，一切問題都能順利解決。

當我趕到醫院時是上午十點鐘，她的公子朱旭與昨晚同車的許太太正陪伴她。彼此打過招呼後，大家的目光都集中在病床，她說：「鄭醫師剛才已來過，說今天開刀。」

許太太與我都關切地問：「能否不開刀？」雖然現代醫術昌明，但一般人還都怕動手術。

前年我遭車禍右臂粉碎性骨折在臺大醫院急診部時，本來是要動手術換人工關節的，但在三天的等待中陰錯陽差，後經侯勝茂醫師診療，說也可醫治，不需動手術，只是將來右臂舉不高，當時我想只要我的右臂不痛，能轉動就可以了。因此我逃過開刀一刼，後來也就出院，遵照侯醫師指示服藥、打針，定期去公保門診。兩年後的今天，我的右臂能舉的高度比侯醫師所預期的要高，而我還患有嚴重的骨質疏鬆症，曾被列入侯醫師的追踪病人個案中，如今骨頭密度也增高。有這樣良好的療效，所以侯醫師高興地說：「人定勝天！」並說我是最合作的病人。

於是我在羅蘭姊床前，把我那次碎骨經驗述說了一遍，許太太也強調：「假如可以不開刀，就不要開吧！」而羅蘭姊說：「剛才鄭醫師已經分析過，若不開刀，讓骨頭自然癒合，要在床上躺三個月，所以我決定還是動手術。」我們旁人也不再多嘴。那時鄭醫師在動第一台的手術。羅蘭姊是排在第二台。因爲羅蘭姊要在手術前看看孫兒女，素清也就帶了三個孩子來看她。大家閒聊了一會，護士爲羅蘭姊打點滴，可能有麻醉劑在內，漸漸地她閉目養神，有時睜眼望望大家，我們也都靜靜地看著她，讓她好好休息，大家也都不再說話，朱旭帶了孩子到外面走走。我也順手拿起當日的一份報紙翻閱，後來看副刊上楊小雲的一篇文章「向生命告別——她們爲什麼輕生」，是寫四個大學女生因感情，或對人生抱悲觀態度而自殺身亡，她說她不懂爲什麼死神突然選定在四月這個美好的月份裏，召去了四位綺麗年華大學女生的生命。

同時也使我想起在最近一期「天主教之聲」的刊物上，玄小佛所寫「驀然回首」一文。我覺得玄小佛眞是幸運，她自殺過數次都被救活。玄小佛在十八歲時以「白屋之戀」而成名，她曾是響叮噹的年輕名作家，如今很少看到她的作品，所以她的那篇文章給我留下深刻印象，便也不停地在我的眼前晃現——

玄小佛說她十三歲時帶著一連串問號走進天主教堂，而後用她的「知識」蔑視了「神」的定義，以辯論「成功」的心走出教堂。十七歲她進了基督教堂，仍在尋解人生「源頭」的問題，她說她販賣她的「知識」，再度以「辯論」成功的心告別了上帝。但時時有無形的聲音在召喚她。她走入回教、摩門教、佛教、也走入各種民間信仰。

道教、佛法、通靈、算命、紫微斗數等全部集合起來，與一群人爲「宗教」創造新的定義，爲「宗教」穿了件「新衣服」，玩了三年，源頭沒有找到，卻誤導了許多人，走進一條執迷的路。由於筆名「玄小佛」，竟然有人把她「神化」，因此她帶著逃避的心告別了穿上「新衣服」的宗教。

她在歐洲進教堂觀賞，在日本在東南亞國家進寺廟嘗古蹟品味，她放棄在宗教裏獲取生命的答案。她信賴自己，她以沉默抵抗宗教，偶爾以遊戲的態度到教堂晃晃，到民間信仰裏玩玩。一而再，再而三的自殺，被新聞媒體報導，她恨「死不成」，她恨「記者」。三年前，她個人的生命路途，遭逢崩潰，數度自殺未遂，她開始偷偷祈禱，但在腦海裏不停地注射死亡的藥劑——自殺。她要來個有計劃的消失，每夜寫遺書，內容都是移民到澳洲，永不再回臺灣。寫了近二十封。她不喜歡被新聞媒體再一次「鞭屍」，她要死得「無影無踪」，她帶了安眠藥出門，她想服藥，再用刀割斷動脈，最後投身海裏，準會死得成。

可是，玄小佛又沒死成，被幾個基督徒送進醫院。在她的眼鏡盒裏發現了姓名住址卡。所以她說：「天主怎會愛我這樣的人？」她的人生，也在這瞬間，使她覓得往日所尋找的源頭。使她看到上帝。至於她爲什麼矢志做天主教徒？除了天主的聖召，還有她個人的愼思。

她十三歲領天主教的聖洗，今年要赴上海結婚，她找不到教友證，聖家堂李哲修神父特別幫忙，爲她再次領了天主教的聖洗。她才明白，原來近三十年的時光，天主就在她心中，她卻奔馳於外莽撞。玄小佛那篇文章很長，記述救助人的姓名並寫她現時生活情況，並勸大家別再走冤枉路。最後，她借用李哲修神父告訴她的一段話作爲結語，與大家分享共勉：「給我勇氣去改變我所能改變的，給我寧靜的心去接受我所不能改變的，給我智慧區別什麼是恩寵的改變。」

我想，假如那四位前程似錦的女學生看到玄小佛的這篇人生見證，她們也許會改變她們的執迷不悟，不至於走上人生末路。我正想得出神時，已近中午，護理人員說要讓病人入手術室。朱旭已帶了孩子回來，許太太回家了，我也向朱旭、素清夫婦告辭，去參加朋友邀約的午餐。

在餐聚的熱鬧與歡樂中，我雖也有說有笑，而我的心卻陷於孤寂情狀，不時的興起人生的許多問題，意外、疾病、挫折……那些悲痛的事故，有時眞會使人茫然，或痛不欲生。就如一道道關卡，不容易通過。有時因私心、意氣、名位或權勢，使自己迷失，傷了別人，也害了自己。這些意念也都是人生旅途上的關卡。但我最掛念著的還是羅蘭姊的手術。那天下午，因是五二九反核遊行，交通阻塞，我也沒有回到醫院去看她。次日上午，我在醫院看到手術後的羅蘭姊，雖很虛弱，但證明她確已通過痛苦的人生關卡，日後即將康復，我爲她慶幸，也祈望我們別再遭遇碎骨之痛的車禍意外。同時也祈望所有的年輕人，能理智的面對人生，若能有一個宗教信仰，便不會執迷不悟而陷自己於痛苦中，而不能自拔。該多想想生命的可貴，大家同樣的都在人生旅途中，該多欣賞週遭的美景。個人無權使自己消失，也不該唯我獨尊。

我並不因爲自己是天主教徒而來傳教，但我倒很希望年輕人都看看玄小佛那篇文章「有勇氣去改變自己所能改變的」、「以寧靜的心去接受自己所不能改變的」（李神父的話），無論是個人的處世態度，或是政治上的主張，都可適用。我們也許也都會像辛棄疾筆下「衆裏尋他千百度，驀然回首，那人卻在燈火闌珊處」這首詞中的人。

大家也該多多發揮一己的智慧來愛自己，也尊重別人。如此大家都能順利、平安的走過人生關卡，共同享有著祥和愉悅的生活。這是國家民族之幸，也是社會之福，更是人人所期盼的美滿人生。

83年6月27日青年日報

經過波濤險浪

——記卅六年二月廿八日後數則感人助人的往事

我記得看過一篇文章，一位王先生寫他三十六年來臺經過，任職教育行政工作，後於二月二十八日前後所遭遇的一些驚險、離亂、與意外的往事及感觸。

他們一家五口，曾被送入男女老幼濟濟一堂而無空間的「集中營」，嘉義女中學生每天送兩次飯糰以維生，上廁所時，小學生持木棍尖刀押送監視以防逃走。但數日後，他們卻意外地，平安的走出了那間「集中營」。而後他記述著別人的遭遇，其中有一件不幸的事——

一個多月以後，各學校放春假，有女中教員兩人乘坐小型鐵道機動車上阿里山遊覽。半途中突然遭到狙擊，一陣槍聲之後，機車司機和一位李姓教員頭部中彈，當場死亡。另一位身中七槍，奄奄一息。生命垂危，在醫院裡悉心治療大半年之後，終於帶著殘傷返回了青島老家。然後他寫著當時情況。

治安當局爲了保障山區的安全，曾調派部隊上山清剿。戰況激烈，頗有傷亡，戒嚴令下，非常時期，軍法審判中錯案冤案在所難免。尤其是心志良善，願意維持地方秩序的士紳，有理想有抱負的高級知識份子，不幸也犧牲了性命。這都是國家的損失，大家的遺憾。近代歷史中，這種類型的事件頗多。所以王先生寫著：「希望這類悲劇不再重演。」並以「過往不可諫，未來尚可追」，來期望大家以惻隱悲憫之心、光明磊落、豁達寬恕的胸襟，徹悟這段歷史過程。

這段期間我雖未親歷，但由於我來臺較早，且多次的聆聽親友敘述當時情況，因而在我猶如目睹一般的清晰。當時只因一時誤會，其實人民相處融洽，彼此之間並沒有省籍隔閡，而只有相助愛心與關懷，充滿著人性的光輝。所以我也來記述數則助人感人與如有神助的奇事於後：

筆者是三十七年元月來臺的，寄居在叔嬸家，就讀省立基隆女中高中部。開學不久，聽嬸嬸講她在去（即三十六）年三月初，叔叔因公出差去高雄，她在家所遇到的恐怖事件，忽然有一群暴民要來抓外省人，幸而有好心的鄰居幫忙，帶她坐上船避到基隆港外，逃過了一劫。等到風頭過後，她才隨鄰居平安的回到家裡。

至於叔叔在高雄的遭遇，嬸嬸也曾說了一些，非常驚險，同樣地也遇到好人相助。

叔叔唐桐蓀抗戰時在重慶，三十四年抗戰勝利後不久他就來臺，出任臺灣航業公司所屬的臺南輪船長。三十六年初調任基隆港務局港務長，一直住在基隆，退休後數年才遷到臺北居住，現已高齡八十五，但他記憶力強，能把四十餘年前的往事說得清清楚楚。且不止一次地說，最近一次是在今年農曆新年，我們去向叔嬸拜年，他又說了——在三十六年三月三日那天，他因公自基隆到了高雄，住在台安旅館，傍晚有一群暴民進入旅館，要清查有沒有住著外省的貪官污吏。當時他正與高雄港務局代理局長許顯耀先生在洽談高港引水（即領港）事項，被暴民發覺是外省人，即刻想要逮捕，並跟許先生說：「所有外省人都要送到外省人收容所，而後準備一起送回大陸。」

許先生是本省人，他已風聞到在臺北爲查緝私菸引起的警民衝突而鬧出來的動亂風潮，已蔓延到全省各地，並知道若被送入收容所，美其名送回大陸，實際上可能會遭受虐待或拷打，甚至殺害。所以許先生說話了：

「你們抓任何人都可以，就是不能抓這位唐先生。你們知道他是誰嗎？」那些人都不講話，都靜靜地聽著，許先生繼又說：「他，是唐桐蓀先生，是我們許多臺灣人的恩人。他曾是臺南輪的船長，曾到海南島榆林港接運我們的同鄉回臺灣，有數千人，他們都是被日本徵兵至南洋等地去征戰的我們的父老兄弟，他們都經過了恐怖的戰爭，大家都好狼狽，穿著破爛，也都在挨餓狀態。唐先生很有同情心，他眞是一個好人，看到大家可憐，向上級申請，借到了三十包白米，分發給我們大家。你們雖然不認得唐先生，但或許會知道分發白米這件事。」

由於許先生的言詞，感動了原是心地善良的那批暴民，他們一起協助許先生陪伴著我的叔叔躲藏起來，以免被另外一批批的鄉人發現而被逮捕。

一批批的暴民，繼續地搜索著各公共場所，甚至私人住宅。因而許多外省人被逮捕殺害，有的在理髮店理髮，竟被割斷了喉管，莫名奇妙地死去。在那次動亂中，害及許多無辜，死傷無數。但也有許多人能逢凶化吉，就如家叔因貴人相助，得以逃過劫難。所以他老人家現仍念念不忘。此外，我還聽到許多則感人助人和奇特的故事。

一位楊叔叔也談及他在基隆時的經歷與見到的亂象，那時他還是商船的三副，他的船停靠在基隆十四號碼頭，督導碼頭工人自船上卸下木材，工人都懶洋洋不肯好好卸貨，他頗覺奇怪，但總算在他好言相勸與鼓勵下，卸下了全部木材。於是他上岸回到家裏，正好有客自臺北來，說在臺北街頭看到有人打群架，打得很兇，好像還殺了人。但誰也沒有想到，那就是所謂二二八事變的起因，而後導致了死傷累累的慘劇。那時只是臺北鬧事，基隆還算平靜，只是人們有一點反常而已。

三月二日那天，楊叔叔的輪船要起航了。可是工人態度惡劣，不肯加水。在情急之下，他只好自己加水，船終於如期駛出了基隆港，等到他出航數月後回來，一切平靜如故。他也是一位幸運者，避去了失控、紛亂、殘殺的局面。

另外一位王永吉先生，是台東輪的會計，他自銀行提領了全體員工的薪水，放在一個手提袋內。在路上，他遠遠見到有一群暴民。他很機警急急地躲到一位本地老太太家中，爲了保命在匆忙中放下手提袋，在老太太協助下即刻躲藏了起來。等到暴民呼嘯而去，老太太叫他出來時，他才想起自己的任務。還好那個提袋放在榻榻米上。誰也沒有料到那個不起眼的袋子裡，竟裝滿了人人都喜愛的鈔票——是全船人的薪餉。他驚魂甫定中提起袋子，感謝老太太救助之恩，認老太太作了乾媽。他更感謝上天，分文未少。不然他怎麼賠償，如何交待？這是一個多麼完美的助人與感人的故事。

又聽說有一位江蘇崇明人，福大命大死裡逃生的奇事。

後來治安單位爲了鎭壓叛亂，希望大家緊閉大門，沒事最好不要外出，凡需外出的良民都必須佩上頒發的腕章證明，以便於辨識，而與暴民有所區別。當時所謂的暴民，大半都是本省人，原先他們也是安份的良民，只是在二月二十七日晚在臺北發生的事件之後，爲若干有心人士利用也對外省人有了反感，於是夥同作亂。凡看到像外省人模樣，又不會說閩南話的就抓，尤其穿軍裝或穿制服的即時拳打腳踢。在路上，兩方彼此互毆打殺，因而死傷累累，許多活生生的老百姓，一會兒便倒在路旁了。

等到暴亂終了，軍隊開大卡車來收拾殘局，把路旁一個個屍首裝入大麻袋，堆放在大卡車裡。正在車行途中，兵士們聽到有人在喊痛，原來那聲音發自一個上層的麻袋。這說明袋中還有活人，於是急急打開，問他那裡人士，他說他來自上海，是崇明人。剛才幾乎被暴民抓住，他拼命奔跑，跌倒在路旁，暈了過去。手腳摔傷，鼻子也流血，所以才被人誤以爲死亡。

幸好當時他暈了過去，也幸而他能適時甦醒，不然冤死錄上又多了一人。

在那段暴力動亂的日子裡，還有許多助人、感人或奇蹟般的故事。那些故事中的主人翁卻都是心驚膽顫、痛苦地，似在波濤駭浪中航行，幸運平安的通過了。最主要的是由於機緣巧合，都能及時遇到有愛心肯助人的善心人士。

至於那些善心人士以及經過波濤險浪被善心人士所救助的幸運者，目前他們都已垂垂老矣！那暴亂慘痛的往事，距今已四十餘年，在時下年輕人看來，也都已是遙遠的歷史。不過，現在還是有人為此耿耿於懷。尤其是死難者家屬，他們的情緒仍是難以平復。

唯王先生文中所提到在阿里山旅遊途中遇到狙擊，中槍七處受傷住院半年多帶著殘傷回青島老家去的那位教員，以及死去的兩位，可不知他與他們的家人子女，是否也仍陷於悲傷怨恨之中？以王先生的胸襟，若是認識他們而有連繫的話，一定會勸他們不究既往。真的，往者已矣！歷史是一條滾滾的長河，向前奔馳，永不回頭，是是非非，也都像河水一般，隨著流逝而過。何必痛苦地記怨記恨!?所有的中國人，該記取的是歷史的慘痛教訓，以作為殷鑑。也所謂「前事不忘，後事之師。」近代的中國人所遭受的苦難夠多了。希望不要再興起過大的波濤險浪，應該想著未來的二十一世紀，是屬於我們中國人的，只要我們努力以赴。

民主法治，統一繁榮，詳和安樂的遠景，是我們每一個中國人所期望的。互助合作，同舟共濟也更是所有中國人應持有的態度與人生的方向。國家強，個人也才有幸福，每個家庭也都能分享和諧快樂，與得到一切安和的保障。

81年9月16日中國婦女週刊

一位不尋常的母親

——她的捨與得

一位母親能捨得讓獨子去修道當神父，而且在獨子的父親去世之後。這眞是一位與衆不同，信心堅強，非常了不起的母親。也是一般人認爲不可思議的事！她怎麼捨得？也許由於她的能捨，肯奉獻，所以也使她能得，得到了一個豐盈滿足的晚年，並與做神父的兒子相處，享有了二十八年之久的天倫之樂，直至她九十三歲高齡辭世之時。這豈是一位普通母親所能享受得到的福份？

這位不尋常，曾經遭受了人間苦難，但也享受著人世間難得的福份的母親，是天主教會中大名鼎鼎的龔士榮神父的母親。

那年八月，是龔神父的母親周太夫人逝世十週年，也正值龔神父晉鐸五十週年金慶的日子，所以龔神父寫了一本紀念小冊《另一個窮寡婦——先母逝世十週年紀念。》有周太夫人遺像，傳略之外，更以慈母口述方式，將家庭景況，待人接物的道理與可貴的母子親情，展現於字裡行間。此書最初印了一千本，分送國內外人士，大家閱讀之後，認爲對匡正世道人心，增進信仰生活，提倡聖召，有所裨益，因而教友間爭相傳閱，或逕向龔神父函索。不久便告贈罄，因此又再印行千冊，以備索閱。

當時我曾問龔神父，爲什麼要自費印贈？而不請光啓社出版呢？讓人可以去購買，更能廣爲流傳？而龔神父說：「我祇是爲了『母親的恩情永難忘記』而已，沒有想到要出版，這樣一本小冊子，也許也不會被列入出版計畫。」

我認識龔神父已四十餘年，那時龔神父在臺大教授法文，住在杭州南路臺大宿舍。常隨我的同學去龔神父那兒聽道理。龔神父並不強烈地要人非信奉天主教不可。我記得有一次他說：「我們不是每個人都帶著手錶嗎？它有規律地走動著。雖然我們沒有看到製造手錶的人，但我們一定都相信會有一個製造錶的人，經過他的構思與設計及安裝才完成那個錶。我們的宇宙也是一切井然有序，我們是不是該相信宇宙間也有一個建立秩序的人？那就是造物主——天主。」

此後，我們就像上課一樣地按著規定去聽道，龔神父講的道理很令人信服，因而，我的同學與我就在那年的耶誕節由龔神父授洗而信奉了天主教。後來我的先生與孩子也都是龔神父授洗的。

以前，龔神父的宿舍是一人獨住。後來我們發現來了許多人，經龔神父介紹得知是他的母親、姊姊、姊夫與外甥女等從大陸輾轉來臺。我們都叫龔神父的母親爲婆婆。後來祇留下了婆婆與龔神父同住，那時我們因是學生，又年輕，什麼都不敢問，婆婆是怎麼來臺的，還有龔神父是怎麼會當神父的，一直到看了那本書《另一個窮寡婦》之後才知道。

原來龔神父四歲時，生了一場重傷害病，命在旦夕，婆婆曾向天主祈求：「如果你賞賜這個孩子病好，給他聖召，要他去修道，我願意奉獻。」

當龔神父小學畢業那年春天，他跟他的母親說：「媽媽，我想修道，做神父。」他的母親說：「這是大事，一朝決定了，不得反悔！」母子兩人都沒有反悔，但他們經過了嚴重的考驗。在龔神父十九歲，進修道院第二年暑假回家，不幸小弟得病去世。母親的悲傷是可想而知的，尤其是在大兒子去修道，女兒即將出嫁，丈夫早年去世，小兒子是世上惟一的指望，而又無法救治。親友們都勸她，不要讓大兒子修道了。因爲三代單傳，不能不考慮到傳宗接代。她當然也這樣想著，但她不敢違背天主的聖意。所以她說：

「你們都說得對，但是我既無法保住我的小兒子，我如不讓大兒子去修道，我一定能保得住他麼？我沒有意見，你們去問孩子。由他自己決定好了。」當時，婆婆對在修道的龔神父卻說了這些話：

「你如果以爲天主的聖意要你去修道，就好好的去修道，我爲天主沒有捨不得的，但你得爭氣，修道要修成；你如果半途反悔想回家來，我這個家是不會收留你的！我老來沒有依靠，隨便天主安排，我相信天主不會比我小氣的！」得到的回話是：

「媽媽！我不會叫你失望的，我們一切依靠天主！照天主的聖意做是了。」

此後，女兒出嫁，兒子修道，家中祇有寡母一人，不停地爲生活忙碌工作，每年暑假母子才得見面。龔神父十一年的修道生活，沒有中途而廢。當他做神父的第一年，上司要派他到羅馬讀書深造，出國手續都已辦好，然而第二次世界大戰爆發，沒能去成，次年到北平司鐸書院，後轉入輔仁大學，先後五年，畢業後，奉派回無錫當了二年原道中學校長，後又調派去南京。

民國三十八年四月，時局吃緊，共軍南下，切斷了京滬鐵路，神父沒法返回無錫家鄉探望母親，卻來到了臺灣，以後多年未通音訊。但像是有神助似的，由於在香港的親戚的聯繫與協助，使神父的母親、姊姊與姊夫一家先後輾轉來到臺灣，從此，母慈子孝，晨昏定省，共享天倫之樂長達廿八年。婆婆因心肌梗塞，蒙主恩召，享年九十有三，安葬於臺北大直天主教公墓。

龔神父是輔仁大學在臺復校的元勳功臣，故于樞機主教的最得力助手之一。曾任輔大、臺大教授，現已退休，但仍在輔大任講座教授。繼續作著傳道解惑的神聖職責，這是天主的聖意，也一定是得之於一位信心堅強，不尋常的母親的庭訓的緣故。

現在摘錄一些神父所受的慈訓，與大家分享——

「拳頭大，臂膊粗，是服不了人的，只有自己的行爲叫人服氣，才能眞正服人。」

「『滿飯好吃，滿話難講』，我從不敢說一句自滿的話。」

「天主給我們一些不如意事，是好的，否則我們會驕傲。」

「不要看自己比別人強，便自以爲了不起。『強人自有強人收，還有強人在後頭！』」

「人們總說：『吃是受用，穿是威風』，我只求『日用糧！』我只求心寬，不求身寬。」

「『輕輕說話重千金，三寸舌頭壓死人！』說話眞得留意，尤其你是做神父的！」

「『有錢常想無錢時，熟年成時常想大荒年！』我看到一些暴發戶的濫花濫用，我常在為他們擔心。」

81年7月20日中華日報

驚心動魄的童年往事

——由「生肖與童年」想起

最近文友小民送給我一本她的新書「生肖與童年」，並在扉頁給我題著：「這是一本全家都喜歡的書，誰都在書內找到他自己。」

此書是她多年來在報刊上發表有關生肖的文章，配上她的先生喜樂所畫的十二生肖，以及有關十二生肖的有趣圖畫，由三民書局以彩色精印出版，眞是圖文並茂，我一拿到書即刻愛不釋手，先翻閱精美圖畫，而後便想閱讀屬於我的生肖，當時也即刻使我想起了塵封已久的童年往事，曾經驚心動魄，使我害怕的蛇。

我屬蛇，而我自幼就怕蛇，最討厭蛇，我恨我自己爲什麼要屬蛇？小時候，親戚長輩問我屬什麼？我總搖頭不答，也不肯講幾歲，因爲一講幾歲，他們即刻會算得出來屬什麼生肖了。不像姐姐高興地說：「我屬馬」，小妹也快嘴地說：「我屬狗，我爸爸也屬狗，媽媽屬牛。」我很希望我屬雞、屬牛，或是一隻可愛的小白兔，其他的什麼豬、老鼠、老虎、猴子也都可以，只要不是蛇。當然最好是屬龍了。因爲常聽長輩們都希望在龍年生個龍子或龍女，可惜我家沒有屬龍的。

然而，大伯屬龍，他的兒子也屬龍，所以堂哥很神氣，說他家有兩條龍，雙龍抱珠，他也很頑皮。有一天，頑皮的堂哥拿了一個大紙包放到我家餐桌上，我們都以爲是什麼吃的東西，大家都圍繞著。他說：「你們別急。」他慢條斯理地打開紙包。雙目盯著問我：「你想看，還是想吃？」我說：「倘若好吃的，我就要吃。」

他說：「是可以吃的，不過要煮熟了才能吃，現在還是活的，會動的。」

那時我們住在鄉下，他常常帶頭爬樹去找鳥窩捉小鳥，到河邊撈小魚，摸螺螄，或到田邊去抓小蝌蚪，撿田螺，捉青蛙等等，所以對於活的會動的東西我們都不怕。雖然有時看到有蛇在水裡游動，我很害怕，但是蛇更怕我們，早就逃之夭夭，一會兒也就游得無影無蹤了。

我們越是好奇，他越是故意賣弄，從紙袋裡取出一個紙盒，他說：「盒子裡還有一個瓶子。」，他也就從盒子裡拿出瓶子。但瓶子外邊還是用紙包著，他撕開一小角先給小妹看，小妹說：「我看不清楚。」於是他又再撕開一些，要我看。我一看，竟雙手發抖，臉色發白。

堂哥說：「你抖什麼？那就是你！」原來瓶子裡裝的是一條蛇！那時我驚嚇得幾乎跌倒在地。幸虧姊姊扶住了我。後來大伯知道了他的兒子的惡作劇，痛罵了一頓。從此我也不敢再跟堂哥一起玩，因爲看到了他就會聯想到可怕的蛇。堂哥本性難改，喜歡玩弄蛇，最初是抓沒毒的小蛇，後來膽子更大，他要去抓有毒的蛇，一次被毒蛇咬了一口，來不及送醫，就這樣永遠離我們而去。

因此，我對蛇的懼怕日益加深。我不是蛇，我不屬蛇！但是當我年歲日增，離開童稚之年以後，我對生肖的蛇不再介意，而對十二生肖爲什麼選這十二種動物來代表深感興趣，到底依據什麼原理，然迄未所獲，似乎史無記載。只是以十二種動物代表地支，也叫十二屬相，我們中國人用天干地支記年日月，已有數千年的歷史，但依據什麼標準配合的？有人認爲可能和陰陽五行有關，那如何解釋？又將是大學問，我以不求甚解的方式而作罷論。」

但當我見到「生肖與童年」一書之後，即刻翻閱小民所寫「蛇的故事」與「小龍迎春」。原來小民也屬蛇，一般人都對蛇沒有好印象，而她以「小龍」來稱呼「蛇」。她說：「根據十二生肖論，講到原係小龍的蛇：『性格突出，具無以言喻的神秘力量，聰穎智慧，隨和溫柔，富哲學思想，吃苦耐勞，有獨特的魅力。重友情，好運氣，名利富貴垂手可得，意志堅定能成大業！』多好哇！這樣一條活躍的小龍，充滿光明前途的小龍。……」

屬蛇的人，果眞會如此嗎？這對於我而言，已無深究的雅興，卻使我想到了那屬龍的堂哥，童年時的玩伴，他曾用蛇來嚇我，而他自己竟因蛇而喪命，小小年紀等不及長大，眞是可惜，也爲他可憐。若是小民所寫小龍（蛇）的屬性眞是如此美好，那我可得感謝我的母親在蛇年生下了我。

不過，話又說回來，在我童稚之年，我就已悟出惡意害人嚇人的人，就先害了自己！因此，我以做人要厚道，害人之心不可有，防人之心不可無，因爲世上有好人但不全是好人，必須以慧眼明辨善惡是非來訓誡孩子，我的孩子都已長大成人。而如今那個曾是驚心動魄早已埋藏在我內心深處的童年往事，卻記憶猶新，竟一時興起把它寫了下來。

85年7月28日青年日報

日久他鄉即故鄉

——讀「狡兔歲月」有感

現代人常因求學、工作或其他種種原因，離鄉背井，遠赴異邦他鄉。

黃和英女士因子女都在美國，而於民國六十四年移民赴美。她在臺時，我未曾遇見過她，只是常看到她的作品。她出國後仍然作品不輟，我曾讀過她的「兩大陸去來」與其他著作多種。那時我爲國語日報家庭版寫「好書引介」專欄，寫了評介文字。因此，她與我成爲偶爾通信的朋友。知道她是廣東省梅縣人，就讀、結婚於北平，民國三十七年全家遷居臺灣，開始寫作。民國五〇年代入新聞界工作。曾任徵信新聞即中國時報前身，與國語日報編輯。爲大華晚報和新生報主答「家政」與「青年的心」信箱多年。歷年來出版之著作有散文、小說、童話、遊記、食譜等二十餘種。其中「兩大陸去來」獲得僑聯總會民七十二年度海外華文文藝創作獎。

五年前，她爲美國世界日報家園版寫「狡兔歲月」專欄。狡兔的來由是她的兩兒一女都在美國學成與就業而定居。但因美國幅員遼濶，各居一方，有如三角路線，常使她雲遊出入機場，也成了她必定的生活。而她的好友們常因摸不清她究竟在何處小住，因而笑稱她「狡兔三窟」。

她的「狡兔歲月」專欄文章，都是寫她在美國生活的見聞與感觸，獲得僑界好評。現已由臺北東大圖書公司彙編成集出版。上月底我接獲是書。我未曾寫信向黃女士道謝，而先讀她的文章。一方面爲了先睹爲快。另一方面，也是由於我四月間遭車禍，右手臂粉碎性骨折，現雖已在復健中，而仍懶於動筆的緣故。

我讀了「狡兔歲月」後，對黃女士更多了一層的了解。她在書中「扎根成長」一文，先記述兒女留學時代，她赴美探親所見當時留學生的清苦境況，而如今年輕的他們都已學成、業就，有著圓滿的家庭。看到他們在海外扎根成長，已經根深葉茂，且在欣欣向榮，她覺得無限欣慰。

然後，她寫她自己初抵美國的最初兩三年，因爲生活環境突然改變，沒有工作，沒有朋友，沒有……一切完全失落，加上她的先生心臟病發而逝世，使她更感覺落寞孤寂。直到有一天，她翻閱黃氏族譜，九十世祖那個時代，因戰亂不靖，囑七個兒子離鄉外出各闖事業，臨別教言中的詩句：「駿馬匆匆出異方，任從勝地立綱常：年深外境猶吾境，日久他鄉即故鄉。

朝夕莫忘親命語，晨昏須薦祖宗香：但願蒼天垂庇祐，三七男兒總熾昌。」

全詩共十二句，囑咐各子牢記和傳誦子孫。說是，日後在異鄉凡是能背此詩的黃氏子孫，均爲同宗共祖的一家人，應互相扶助。

她讀了這些詩句，心境開朗不少。她也領悟到：「雖身在海外，只要自己能牢記根源，不忘故土。就地扎根繼續成長，才能拓展自己和後代的新生命。若終日鬱鬱寡歡不求進步又有何益呢？」

由於她的感悟，使她度過了痛苦落寞的時日，而重又積極奮發前行。所以她所寫的文章和敍事、記情、感悟之外，並有鼓舞激動人心的作用。

例如「五子生涯」一文，指的是瞎子、啞子、聾子、瘋子、老媽子。這是一般在國外依親的老年人的共同際遇，而她寫出了各種突破困境之道，就以聾啞爲例，她認爲要「衝破聾啞的難關，學習聽與講番話，要比學習閱讀番文容易得多，不必耿耿於懷合不合文法，只要放膽開口亂講，使對方能半懂半猜下了解語意就行了。」此外，她更鼓勵大家加入成人學校或其他學習語言的班級。總之，只要自己肯於學習，一定能克服困難，也會適應新環境。

至於老人身分定位，可能和在國內自己的「老巢」不同。所以她寫「非主亦非客」一文，提出了享受「亦主」身分的快樂，但也不忘「亦客」的地位。以諒解和樂觀的心境來處理「亦主亦客」的身分，定可減少兩代之間的衝突，而維持家庭的和樂。

收集在「狡兔歲月」一書中的文章計有八十餘篇，此外如「初住小城」、「落葉浮雲故鄉情」、「熏風與北風」、「勿辜負自己」、「老人不寂寞」、「三代之間」、「長江浪」、「善意與壓力」、「今夏在加州—以文會友」、「珍惜相處時」與「狡兔心聲」等。

這書雖是黃女士僑居美國，身歷其境的見聞與感觸，卻也道出了大多數海外僑民的感懷心聲。由此而明示或暗喻著種種因應之道—如何與子女、媳婿、父母、翁姑和睦共處，這是我們處人處世的哲理。所以無論身居何處，也不分年齡，有暇不妨一讀此書，尤其準備移民，或已居住在異邦，但活得並不愉快，或者目前衹在雲遊，作空中飛人，去探親小住的中老年人來說，更是一本很好的指引。即使是即將赴美深造的年輕人，知道些僑民在美的生活，無異也使他們獲得些美國生活的資訊。

總之，無論在故鄉或異國他鄉，自己必須堅強、積極、開朗、懂得如何與人共處，才會使生命發熱發光，子孫和樂，也使自己生活得有意義。

81年11月4日青年日報

忘不了的痛苦往事

——七七抗戰六十周年紀念專文

可以饒恕，但不可以忘記

六十年前的七月七日，由於盧溝橋事端引起中日抗戰那年，我八歲，父母帶領我們四姊妹（我的大姊、二姊、小妹與我）、小叔、嬸嬸與表親等十餘人，自上海近郊的家鄉逃難到上海法租界，剛把家安頓好，母親因懷孕在身，而又緊張與勞累過度，因此病倒住院，結果小弟早產夭折，母親也一病不起。我們全家陷於痛苦悲傷，愁雲慘霧之中，我們四姊妹更是每天淚流滿面。

就在那時，日本又引發了「八一三」淞滬戰役，戰爭非常激烈，只要我們抬頭就可看到日本飛機在天空耀武揚威，一個個像酒瓶似的炸彈從飛機上扔下來，然後聽到轟轟的爆炸聲從上海的南市傳來，令人心驚膽戰，幸而我國的陸空健兒奮力抗戰，創下了一連串英勇壯烈的事蹟，粉碎了日本軍閥「三日攻下上海，三月滅亡中國」的妄想。謝晉元團長與「八百壯士」堅守「四行倉庫」，在敵人重圍中的四行倉庫上飄揚起青天白日滿地紅的國旗時，感動了上海市所有的居民，那段史實因曾搬上銀幕，幾乎人盡皆知，所以我不予贅述。

可是，由於政府的策略關係，國軍的陣地轉移了，因政府爲了保存實力，蔣委員長（即先總統蔣公）下令掩護各作戰部隊轉移陣線，後來上海除了市區內的英、法租界外，都淪陷於日本，中國人遭受殺戮、蹂躪、逃竄，眞是苦不堪言。居住在英、法租界的人民比較幸運，尚能安居，父親不久也就續絃，我在上海私立振英模範小學就讀。

父親是國民黨黨員，本來就在上海擔任公職，抗戰時就留駐在上海參與地下工作，協助許多人民逃到大後方，所以他曾說：「上海市（指英租界與我們居住的法租界）已成了孤島，四周全是日本人的勢力範圍，不過，我們還是可以有辦法通過日本人的關卡，走向內地。」後來小舅舅也去了重慶。我好想去，可是我太小，不能去。

有一天早晨上學時，我覺得一切都改變了，馬路上多了一批背著槍、穿著軍服站崗的日本兵，當我到了學校，同學們也都談論此事。後來才知道那是珍珠港事變（民國三十年十二月八日），引發太平洋戰爭，日本也侵占了上海的英、法租界。此後，只見父親愁眉不展。父親也告訴了我們上海全部淪陷的事實，並要我們以後小心謹愼，多讀書，少說話，以及如何應對陌生人的方法。

然而，有天深夜，一群荷槍的日本兵侵入我家搜查、盤問，還帶來了傷痕累累戴著手銬的張叔叔（是父親的工作同志）來指認，但他搖頭，表示不認識。日本兵嘰哩咕嚕了一陣，便把張叔叔帶走了，但仍留下許多日本便衣人員監視著我們，且分別守著前後門與電話，到天亮還不走，也不准我們外出，所以那天我不能上學。

上午柴伯母來了，守大門的日本人開了門，也就出去了，客廳裡只有兩個日本人坐在沙發上，我們都坐在一邊，父親想看是誰來了，他站起，但日本人示意要他坐下。柴伯母有點粗心大意，但她還算機警，她說：「鄉長，我母親病了，這點錢想給她治病，你人頭熟，有人回鄉時，麻煩你託他帶回去。謝謝。」她說著自皮包內拿出一封信。

父親凝視著柴伯母（也是工作同志）說：「抱歉，最近我身體不好，很少出門，也沒見到同鄉。」因此柴伯母就把那封信放入皮包，說要告辭時，而其中一個日本人會說中國話，不准她出去。她只好留了下來。

那時我口渴，而開水已被喝光，大姊去廚房燒開水，柴伯母也就緩步跟到廚房，把那封信丟入爐子燒了。而那會講中國話的人又說話了：「那位太太過來。」

柴伯母回到客廳時，那個人便向她要剛才的那封信，柴伯母說不是信，是錢，於是他索看那包錢，可是柴伯母拿不出來，重重的一記耳光打了過去，柴伯母招架不住，跌倒在地，臉上泛出一個紅紅的手掌印記，皮包也滾落在地上，日本人便撿起翻閱，找不到那封信，也沒發現其他可疑資料，後來電話鈴聲響起，會說中國話的那人便去接聽電話，說：「是，他正忙著，我是他的朋友，什麼事請告訴我，我會轉告他。」一定對方沒說什麼，他便掛上電話。接連著數通電話，都是如此情形。

一直到中午，他們還不走，所以繼母央求他們准許她去買菜，他們勉爲同意，但經過搜身與跟踪，繼母胡亂的買了些菜回來。不過，她在巷口雜貨店以口頭傳遞了「我們家有了問題」的訊息。因此以後也沒有人上門。等到晚飯時分，日本人總算都走了。柴伯母也得以回家。

第二天，我照常上學，但是當我放學回家，父親繼母都已離開上海。那時我好難過，母親去世，而父親又離開，我們眞正地成了無父無母的孤女！以後我們在上海淪陷區內怎麼過日子呢？我好害怕，我傷心地大哭。後來經過大姊的解說，我才稍稍放心。因爲大姊即將結婚，以後我會跟著大姊住。

不久小妹與二姊都隨叔嬸回鄉，表親也都離開上海，大姊婚後也就住在我們原來的屋子裡，姊夫從商，還能在上海立足，所以我才能跟著大姊住，後來又有日本兵來要抓父親，姊夫說他剛搬來，我們也都裝著一概不知，就這樣應付了過去。那時日本剛佔領上海沒有多久，可能戶政沒有辦好。其實父親名唐天恩，字景明，然而他用化名少文，炯明，甚至改名換性爲「陶性初」，父親常要我們記住他那個時候的化名，我怕會說錯，誤了事，所以常以搖頭作答，當時的我很可能被人認爲是個小白癡呢。

後來大姊告訴我，張叔叔與李伯伯等都在日本兵的酷刑下喪生了，我們都爲他們難過、哀痛。爲父親的逃過劫難而慶幸！但那些痛苦悲慘的往事，我永遠忘不了。

在淪陷區上學要讀日文，而我爲了反抗、憎恨，從來沒有好好讀過，只是應付考試，所以到現在我連片假名都還認不完全。那時，不知道是我別的科目成績好？或是父親不在上海而受到特別照顧？初中，我也讀的是私立學校，學費昂貴，但我申請到「上海新聞報清寒學生貸學金」，我得以完成初中學業。冬天，我還申請到棉袍，使我不至於挨凍受寒。聽說那時上海還留著許多前仆後繼的愛國志士，不知那些善事是否他們所為？

生活在淪陷區的日子是夠苦的，但是可敬可愛的大姊還是無微不至的照顧著我，使我在痛苦惡劣的環境裡正常的成長者。

我們的國家在英明的蔣委員長領導下，使所有的中國人，無論在前方、大後方或生活在淪陷區，都有著共同的信念，中國不會亡！

86年5月16日青年日報

書，導引我走出幽谷

——並簡介「積極性思考的方法」

這眞是晴天霹靂，公保眼科何醫師說我有靑光眼的疑似症狀，要我到醫院作進一步的檢驗，若是嚴重，就要鐳射治療。我挨過了度日如年的三天憂慮、苦等時間。

今天（五月一日）一早，我便依約前往，先由助理醫師作一般的視力檢驗，她懂得病患心理，和靄可親的對我說：「不要緊張，緊張對身體不好，眼壓、血壓、腦壓都會增高。」而後，作檢驗、量眼壓，在暗室裏爲我戴上黑眼罩，要我用雙手枕著自己額頭，在黑暗中趴坐一個小時，之後再爲我量眼壓。

爲了不使眼壓增高，牢記著「不要緊張」。我儘量地保持自己情緒的平靜，但在黑暗中無所事事，就會想起靑光眼的可怕，而又想到自己何其不幸，去年四月被公車所撞，右臂粉碎性骨折，現仍留下舉手不便的後遺症。如今……爲此心情煩悶。後來，我想起最近看的一本書中，有一段是說現代人整日生活在煩惱、緊張狀況中，完全不瞭解放鬆的好處，頭痛、高血壓與心臟病都是由於過度緊張所引起的。於是提出「調整呼吸」的方法。

我就照著那個方法，邊數一、二、三、四，一邊吸氣，然後數一、二、三、四停止呼吸，再數一、二、三、四，慢慢把氣吐出來。不斷的重複進行，這種呼吸法果然對鬆弛有效。眞的，我心中不再爲青光眼之事緊張與煩惱，放鬆得很想闔上眼睛，可是我的這種檢驗不能闔眼睡覺的，所以我努力睜著眼睛看著眼前的一片黑暗，靜聽著暗室外的微弱人聲，體驗著失明者在黑暗中度日的境況。然後爲自己慶幸，過一會兒我就可重見光明。但是，當我想到鐳射，可不知是什麼滋味？爲此害怕。

我爲了去除恐懼感，就唸著玫瑰經（我是天主教徒），祈求上主助我、祐我，讓我度過痛苦難關。最好眼壓不高，我未達青光眼眼壓的高度。後來，我的思緒又回到那本書上，那書是教人「心中常存『堅強的自我』，成爲強者的方法，也只有靠自己。」書上說：

「懂得鼓勵自己，使自己提起幹勁的人是強者，不懂得鼓勵自己，運用自己力量的人爲弱者。」

也由此使我想起失明的作家梅遜，他是強者，他能勇毅地在暗中摸索完成了他的數十萬字的長篇鉅著。我的眼睛若眞是已患青光眼，我將要求何醫師爲我先鐳射一個眼睛，萬一手術失敗我還可以保有另一個眼睛。那時，我天眞地想著，心情倒也鬆弛不少。我又記起那本書上的片斷，例如—恐懼、煩惱、怨恨、懷疑、憤怒、膽怯等「否定的感情」，會使我們的肉體與精神支離破碎，奪去我們的積極性。「否定的感情」與「強者自我」在心中是無法並存的。

建立強者自我形象，讀書是最好的方法，可以給我們心靈方面的滋養，是精神性的維他命，當然這是指積極、前瞻的書。我想，我眞該多看看這類有益身心的書。而我發現我正在檢驗，在暗室中什麼都看不見。但我相信現代的醫學進步，我不用害怕。我內心很平安、寧靜，眞想是要入睡前的刹那。突然有人推門進來，說時間到了。爲我取下黑眼罩。我躺到床上。再量眼壓。量畢，我到診療室，我卻又緊張地問結果如何。何醫師說：「今天不用鐳射，再觀察些日子。」要我繼續點眼藥，再過兩星期去檢查。

那時，我如釋重負，欣喜地連連道謝。我也好感激那本書，是日本醫學博士所寫，中央日報出版部出版，使我得以看到是書，若不運用那書上的呼吸方法，以放鬆自己，是否眼壓會升高成爲青光眼而失明？這不得而知，我也不去深究，因我不懂，但我當時覺得只要逃過那個我自認爲的危險時刻，我以後一定有把握，懂得放鬆自己，不再讓眼壓增高，要打擊我的青光眼的惡魔也無法再侵襲我。願上主助我、祐我，我內心更默默的祈禱著，因爲我相信，人力之外，有時還得借助神力。

但是，我回到家裡，卻又急急地取出那本書，曾在我情緒低潮、茫然無助時，使我脫困，導引我走出幽谷的書——「積極性思考的方法」（日本醫學博士大八木明著，楊鴻儒譯，中央日報社出版部，82年3月初版。一七〇頁25開）

全書共計五章，內分許多小節。「第一章」是講「強者與弱者的差別」，講如何成爲強者。「第二章」是「捨去否定的感情」，講述如何消除恐懼、寬恕別人，注意電視的影響等等。作者曾爲他的孩子沉迷於電視節目和電視遊樂器之中。不知用功讀書而剪斷了家中電視的電源。他深信「近朱者赤，近墨者黑」，以猶太諺語舉例：「和狗玩必定染滿犬臭，只要進入香水店，即使不擦香水必定染滿芬芳。」此章的最後兩節便是講「壓力的控制」與「鬆弛的方法」。

「第三章」、「自我形象」由無中生出無限，要大家伸展自己的長處，如何鼓勵自己的種種方法。「第四章」、「積極的開始進行」，提議閱讀好書，把名言加框貼在顯眼的地方，遵從自然的生活，對他人要親切，對家人要良好溝通。「第五章」，「掌握成功的公式」，這首先要爲自己立下明確的目標，以劃分階段而行，即使要花一輩子的時間，也可以逐一完成。並教人不要錯失良機，機會就像車窗外的美景，要即時以相機攝取。運氣只爲努力者存在。一切都要靠自己的努力與信仰，更不要害怕失敗。

這書是屬於心理學類，教我們心中永存堅強的自己。著者在自序與後記中都說他自己本是一個害羞、膽怯、消極、沒有自信的人，後因許多不同的體驗，深感積極、前瞻性生活方式絕對有其必要。因此把具體的方法記述下來，是他個人的體驗，也是由弱者成爲強者的實證，他深信：「一個人可以做到的事，一萬人也可以做到。」

此書提供了成爲強者，不被擊倒的技巧。眞也使我獲益匪淺，讓我度過了幽暗的時刻。也許是古人有云：「得個錦囊留不住，四山風雨送人看」。致使我一時興起爲它作了上述簡介。由於醫生囑咐不使眼睛過度疲勞，我就此擱筆，請讀者諸君不妨有暇一讀，也許您的心靈也正需要一丁點兒的提示或鼓勵。

82年6月6日青年日報

收刀入鞘

「收刀入鞘」這本書所寫是眞人眞事，呂代豪口述他的蛻變過程，何曉東整理，大光傳播公司出版。

在我未讀此書之前，四月間出席基督徒作家聯誼會時，文友小民說，此次有位曾犯案的呂牧師來證道。我以爲他是曾吸毒而戒毒成功，常在電視螢幕現身與新聞媒體上報導的那位，結果卻又是另一位牧師。

那天，我聽到了呂牧師親口訴說了他以前的作惡紀錄，犯案累累，他曾進出臺灣十四所監獄。犯罪伎倆日益精進，還立志要成爲國際級殺手的前竹聯幫分子。但從他的自述中看出了他的本性不惡，有次他犯案被抓，他沒有招供共犯。因此他的同案好友逍遙法外，而好友爲他被關入監獄於心不安，好友的妹妹是虔誠的基督徒，於聖誕節時爲不安的哥哥寄了張聖誕賀卡給呂代豪，鼓勵他、祝福他。由於他陷入罪惡的泥淖太深，朋友都已遠離，在獄中從未收到關懷的信函，因此喜出望外，便也回了信，以後書信往返通了兩百多封，說人生、宗教與心靈等等。他保釋出獄後，洗心革面，領洗成爲基督徒，好友的妹妹也自中興大學畢業，於是他倆結婚，他繼續深造。

如今，他成爲牧師，熱心傳揚福音，且成爲「拓荒宣教神學院」的副院長。由於他內心的改變，爲自己打一場美好的仗。由不可能而變爲可能，也許是由於萬能的神的力量，但也取決於他自己一顆未泯的良心！

那天當呂牧師講完他的心路歷程後，在座的朱西寧先生問他獄中情形與吸毒等問題，他一一予以解說，且說他從未吸毒，他身體強壯，不多愁善感，他覺得吸毒沒有好處，從沒試過。

最近我看到這本「收刀入鞘」一書，全書三百餘頁，書前有呂牧師幼年時與家人的合照，在小學、初中、軍校時的生活照片，逃亡時的照片與受訓時參加吉他演奏比賽，以及婚禮時的倩影，現今與妻女合影等等。

此書自「木柵大械鬥」、「將門之子」、「初嘗鐵窗風味」、「二次入獄」、「脫逃」、「毆打主管」、「更生團契」、「獻身傳道和最後一次打人」到「佳偶天成」、「全家歸主」、「幾個朋友信主經過」等共三十一章，書後附有他與女友小玲往返的書信數封。

讀完了這本書使我有個感觸，所謂「江山易改，本性難移」，是否有該商榷的餘地？呂牧師的改惡遷善，他本性到底是屬於善？還是惡？淺見認爲，眞正本性惡劣的人不多，而最主要是「近朱者赤，近墨者黑」。

我們現在這個治安敗壞的社會，常因若干作奸犯科的人的惡行所導致。若能讓大家（爲人父母與青少年）看看這本書，尤其是在獄中，或有犯罪傾向的人看看這本「收刀入鞘」，或許能幫助他們棄邪歸正，做個堂堂正正享受正常生活、快樂的人。

作惡的人減少了，我們的社會也必將多一分安寧。安和樂利的社會必可預期。願作惡者都能「心靈改革」，「收刀入鞘」。

86年6月22日青年日報

國父的孫女

暑假赴美探親，與女兒聊天，說起國父的孫女長得很像國父。我訝異地問：「國父有孫女？我只知道國父有孫子二人，一名孫治平、一名孫治強。」

女兒說：「國父的這位孫女名孫穗芳，在上海生長，受過許多苦，現住美國夏威夷，今年三月間曾出席在芝加哥舉行的三民主義大同盟座談會，會後應邀來到聖路易，曾接受我的訪問。」

我很好奇，又問：「國父的孫女有多大年紀？我怎麼一點都不知道？」我自歎自己的孤陋寡聞。女兒說她生於民國廿五年，寫了一部三十萬字的書《我的祖父孫中山》。她並說那書已放在我睡房的小書架上。

休息時，我迫不及待的翻閱那部書，厚厚的上下二冊，前後花了三天時間才讀完。書的封面有國父的照片，內頁寫著：「一個開創世紀奇蹟的人，海峽兩岸都要重新認識他。」而後爲國父墨寶「天下爲公」。背面寫著：「此書敬獻給　我敬愛的祖父孫中山先生　我的父親孫科博士以及我的大哥大嫂孫治平先生夫人。」後爲序文六篇，及作者的自序，還寫出她的身世與所愛種種的苦難。她說明寫此書的起因與目的以及如何完成此一艱巨的任務。

孫穗芳女士是虔誠的佛教徒，曾於一九九四年初在廣西欽洲灣地區發起資助重建兩個觀音寺。由於她經歷過艱難困苦的折磨，使她發憤圖強，領悟到人生意義正是她的祖父所教導的「貢獻」與「利他」。所以她發「大心」，把自己貢獻於世界和平。作爲孫中山的孫女和中山先生思想的實踐者，她深知自己的使命，覺得天地也賜予她「無所不爲」的機緣。

此書從中山先生的家世源流寫起，後寫中山先生的童年、少年生活，革命思想的萌芽，在海外爲革命事業奔走，創立中華民國，爲求和平辭去臨時大總統，直至在北京逝世，共計十六章。書中並附有許多有關國父的珍貴資料以及孫穗芳幼時與父、母合照的全家福等等。

孫女士於二十年前曾數度來臺探望她的父親孫科，也曾得大陸中山市研究會調查考證中山先生專門小組的協助，調閱了縣志、族譜以及一些原已失散而不易得的資料，成爲本書中的一部分。至於她的坎坷身世，童年缺乏父母的愛，受盡歧視侮辱。又因生活在共黨專政下的大陸，生活和讀書備感艱辛，她不得不離開，先到香港而後到美國的經過也都寫了出來。她現有美滿家庭，她下定決定要學習祖父的思想與爲人，並以宣揚三民主義爲己任。

在書的一篇序文中，她提到大陸現在正在建設「東方大港」。我想，倘若所有中國人，尤其是執政者，對國父孫中山先生的學說多所了解，摒棄個人私見，多爲他人設想，多爲國家建設，才是造福子孫，使廿一世紀進入大同世界指日可待。

孫穗芳女士以佛教徒的虔誠，將她祖父的思想與貢獻，介紹給新世紀的華人讀者，她的

精神與胸襟，也眞令人欽佩與景仰。（寄自密蘇里）

附註：《我的祖父孫中山》，孫穗芳著，上下二冊，一九九五年四月，臺北禾馬文化事業有限公司出版。

86年9月24日美國世界日報

揭開神父的神秘面紗

在二十多年前，天主教召開梵蒂崗大公會議以來，有若干神父還俗結婚，因此外教朋友常常這樣問我：「現在天主教神父都可以結婚了嗎？」我說：「不是。」我雖是天主教徒，但我所知有限，口才也不好，我只好先予否定，而後再大略地告訴他們：「神父可以還俗結婚，但結了婚的已不再是神父，只能作普通教友，可是我所認識的神父，他們仍然還是神父，並沒有還俗。」

因此，當我看到一本書「美就是心中有愛」，光啓出版社出版，發現書中的第一篇文章便是「神父爲什麼不結婚」我便買了一本回家，手不釋卷地看完全書，而後再去買了很多本分送給我的朋友。

這本「美就是心中有愛」一書的作者李哲修，他就是一位神父，以他的體驗、所見與感悟，把神父不結婚的理由詳盡地寫了出來。他先說不是只有神父不結婚，像時下的單身貴族也不結婚，不過他們帶著濃厚的個人主義色彩，其他選擇不結婚的人有教育家與科學家等等。他們的動機與單身貴族相比，就較積極而有意義，如教育家，因以教育天下英才爲己任，而選擇以校爲家。有的科學家爲謀求人類更大福祉，而必須整日埋首於實驗室內，當發覺在理想與婚姻兩者之間無法兼顧時，毅然放棄婚姻的幸福，這種無我爲人犧牲奉獻的精神，是令人既感動而又欽佩。

耶穌的第一批弟子中，大多數是結過婚的，至於神父們之所以不結婚，與教育家、科學家相當類似，只不過還多了一層更崇高的宗教意義。而後談神父的獨身與守貞，及一般的人性，但人性不只是獸性與感性，還有理性、悟性與靈性等更高的人性層面，這篇文章在書中占了較大的篇幅，全文計有十五頁之多，若對神父不結婚好奇，也想對天主教多所了解的話，可以一讀這篇文章。

此書的第二篇便是以作爲書名的「美，就是心中有愛」，那是記述一九七九年榮獲諾貝爾和平獎的得主——德蕾莎修女以七四高齡在中山堂作專題演講的內容大要與當時情況。有記者好奇地詢問德蕾莎修女爲什麼要特別照顧窮人中的窮人呢？修女的理由是因爲那些人活得毫無人性尊嚴，在印度，牛被視爲神明敬拜，而萬物之靈的人類卻連牛都不如。德蕾莎修女更認爲貧窮不單指物質的匱乏，也包括心靈的空虛。她以信仰與愛心建立善團，許多人受她的感召而紛紛響應加入工作，有錢人士也慷慨解囊，甚至在世界各地成立組織，以具體的行動支援她的善行。德蕾莎修女榮獲諾貝爾和平獎那年，依往例於頒獎時以國宴款待得獎人與貴賓，但因修女認爲要花美金六千美元的餐費太浪費而取消，把那筆省下的豪華國宴的餐費連同和平獎金十九萬兩千美元，一併都捐作痲瘋病防治基金之用。德蕾莎修女曾說：「人類缺少愛心是導致世界貧窮的原因，而貧窮則是我們拒絕跟別人分享的結果。」

德蕾莎修女的善舉很多，無法枚舉，而修女心臟有病，但她卻能以一顆殘缺的心去包容整個世界。她雖然不良於行，但卻又能跋涉千山萬水，走遍天涯海角，只因爲她心中有愛，所以李神父最後的結語是：

「『美，就是心中有愛』，德蕾莎修女已經爲我們做了最完美的詮釋。」

此書除了這兩篇寫神父修女之外，尚有四十二篇，如「一個現代中國知識分子的心靈之旅」、「伯利恆的鐘聲」、「醫師與宗教信仰」、「給自己一點兒時間」、「鼓勵與讚美」、「怨與怒」、「老年人的另一片天空」、「教友之光——賀韓光渭院士」、「沉淪的年代——重視青少年犯罪問題」與「聖誕節的沉思」等，這些都是李神父在報刊上發表的文章，有敘事、感時、抒情、記人、寫景等等，都發人深省，這是現今社會轉型期，動亂反常現象中的一股清流，讀之有利而無一害。

最近，我又取出此書重讀，讀到「快樂神父」這篇，是李神父寫他自己，預官退伍後，在父母的鼓勵與祝福下，毅然進了修道院，於一九七〇年在聖家堂由羅光總主教祝聖爲神父。在漫長的二十餘年聖職生涯裡，曾在大學教書，擔任過大專輔導，耕莘文教院院長，臺北監獄義務駐監神父，聖家堂主任，甚至當選過好人好事代表，目前的工作則包括電台宗教節目主持人，自由時報副刊專欄作者，心理及婚姻諮詢，並經常應邀到海外巡迴演講及主持信仰講座，生活多采多姿。

李神父說他在天主的特別助佑和不斷的歷鍊中，也漸漸領悟出「忘我仍眞樂之源」的道理，因而一直甘之如飴，無怨無悔，成爲衆人羡慕的對象。假如有來世，李神父說仍會毫不遲疑地選擇「還是作個快樂的神父！」

然而，一般人卻認爲神父是多麼的寂寞與可憐呢！所以我們凡人都該牢記與領悟「忘我乃眞樂之源！」

84年9月7日臺灣新生報

宗教的慈悲與愛三則

慈悲與愛

也許是佛教傳入我國歷史悠久的關係，幾乎每個中國家庭多多少少都受佛教的影響。我也自幼生長在佛教家庭，所以在我很幼小的時候就知道釋迦牟尼佛和大慈大悲的觀世音菩薩。後來，漸漸長大，我也知道了佛教以外的宗教。父親曾經說過，他不排斥任何宗教，因爲宗教都是勸人爲善。

在我自接觸到佛教、回教、基督教與天主教以後，我成了天主教徒。

本（七）月廿三日起至廿七日止，星雲大師於國父紀念館每日晚七時半至九時佛經講座，並定於廿六日晚請文友合唱團唱由星雲大師作詞的三首歌——祈求、鐘聲和弘法者之歌。

我的好友，她是虔誠的基督徒，她知道這事就打電話問我：「你是天主教徒，也要爲佛教弘法唱歌嗎？」我說：「是啊，我既是文友合唱團員的一分子，應該是一致行動。我們團員中有很多位是佛教徒。她們是我的朋友，我不該掃她們的興，而更該爲她們而同唱啊！不是基督要我們愛近人嗎？這事好像也是愛近人的表現，大家和睦共處。愛人如己，這是耶穌基督指示我們的處世態度，我們團中也有多位基督徒。」在我們談宗教之後，又閒聊家常與互道近況。最後，我又脫口而出：「歌詞還不會背，我要『臨時抱佛腳』了。在教唱時，我沒有用心學，祇是跟著大夥一起唱，眞是『小和尚唸經有口無心』」。以此口頭禪自嘲著。

這些口頭禪，也表示了佛教文化已深入我們的生活之中。但我對佛教的觀感，卻一直停留在民衆向菩薩燒香膜拜，求取私利的景況，而缺乏普愛的心態。我也常會想到家鄉損人的口頭禪「像是個吃素老太婆！」也就是說，隱喻那個人心術不正，雖然吃素唸經，心裡想的卻是貪與得，而且唸完經後，又破口大罵，喋喋不休。這也許是鄉村愚民信衆的表現，但也由於此，使我對佛教產生了反感。

如今，星雲大師的佛經講座，主旨是在使佛教經典的奧義能眞正融入於人們的生活中。這是一件非常有意義的事。星雲大師是在眞正的發揚與實踐佛徒的慈悲心腸與普愛衆生。我們的社會也必將因此而愉悅、和睦與安詳。

81年8月9日青年日報

去教堂望彌撒

星期天，我們全家人去教堂望彌撒。望彌撒，這是天主教教友應守的本分。孩子們最高興的是望了彌撒之後，可以去兒童樂園、動物園或郊外遊玩，或者看電影，吃小館子，或是探親訪友等。有得吃，也有得玩，星期天是個開心玩樂最高興的日子，最好天天是星期天。

清晨，我們一家四口出門時，對門鄰居虞先生欣羨的說：「你們眞是一個幸福家庭。我家小的賴床不肯起來，大的早就不知道野到哪兒去了。他們的媽不管，我也管不了。」他歎了口氣，我說：「哪天請大寶與小麗跟我們一起去。」

可是他們的孩子不肯，他們老倆口也不願與我們同行，所以此後仍是我們一家四口於星期天迎著晨曦，沐浴著和風，齊步走向離家不遠的教堂。一路上，活動筋骨，呼吸新鮮空氣。到了教堂，聽神父講道理，都是愛人處世之道，所以上教堂對身心都受益，眞是一舉數得。

我信奉天主教完全是偶然。因爲大二教授我們第二外國語法文的人是龔士榮神父，那時同班同學史家賢是望教者，我便好奇的跟她一起去。那天龔神父講：「我們每個人都戴手錶，我們都相信一定會有一個製錶者。我們的宇宙井然有序，我們是否也該相信有位造物主？」

此後，我常隨著她一起去聽道。龔神父講的道理使我們信服，因此就在年底耶誕節時，我們領洗了。外子與我結婚前，也去龔神父那兒聽道領洗。後來孩子出生，也都由龔神父授洗。兩個孩子都上私立光仁天主教小學與中學，但是他們長大後，有自己的天地，不願跟我們一起去望彌撒。尤其兒子有次曾因沒望彌撒向毛神父告解，神父以爲他是個頑劣的孩子，在訓誡後並要他念很多經文做補贖。孩子一生氣就不肯望彌撒了。丈夫有次在聖家堂望彌撒辦告解。聽告解的外國神父可能中文不大通達，丈夫氣得幾乎與他起衝突。我勸他們，不要因神父而影響信仰。我們信的是一位至高無上萬能的天主。神父是人，只在傳遞上主愛人的福音。我們應該心中有愛，不予計較，內心也就平安。

去年五月，丈夫癌症臥病榮總，最後領了終傳，在李鴻皋神父祝福後，他平靜辭世。後由龔士榮、李鴻皋與桂雅安三位神父主持殯葬彌撒。後來兒女又都赴國外，我一人獨居臺北。不幸我跌斷大腿骨，不良於行，親戚、教友、同學、文友都來探望。本堂程神父由教友陪同下為我祈禱，送領聖體。我感受到愛與關懷的溫暖，使我度過了最痛苦的時光。

現在我可以走路，每星期天仍然去教堂望彌撒。雖是獨自一人，但我不懼怕，也不孤獨，因我心中有依靠。

86年1月26日國語日報

活在人們心中的毛神父——參與毛神父葬禮彌撒記略

愛天主愛國家的毛神父走完了他八十五年的人生旅程而返歸天鄉。七月十二日上午九時於聖家堂舉行葬禮彌撒，是日早晨我在新生南路信義路口等綠燈過馬路時，發現旁邊是位修女，於是向修女問好，得知同去聖家堂。我說我家以前住在板橋，那時毛神父是我們的本堂神父。馮修女來自香港，她說她不認識毛神父，但她知道毛神父曾幫助過許多留學生，對教會對國家的貢獻很大，為了崇敬，所以她也來參與彌撒。

當我們走進教堂，偌大的聖家堂幾乎已無虛席，於是我們分頭找座位。我正在東張西望找空位時，有位頭髮斑白的好心先生站出來，表示裡面有空位，讓我進去，於是我道謝就坐，那時已近九時。

彌撒準時於聖歌聲中開始，由狄總主教主祭，成主教世光、王主教愈榮、錢主教志純、徐輔理主教英發與數十位神父共祭，龔神父士榮，徐神父熙光陪祭。後由王主教報告毛神父的生平行誼。

當教友領聖體，我領好聖體回到座位時，因面對面，我才發現那位好心的先生居然是我家住板橋大庭新村時的老鄰居，好教友高亮先生。我問他高太太有否同來，他指指旁邊，原來我竟坐在他們一家人中間，我的旁邊就是他家二小姐與高太太。恕我眼拙，或許眼中含有淚水模糊了我的視線，也可能已搬離板橋二十多年彼此沒有見面，時光改變了人的容貌，使幼童長大，青壯之年變老，若不仔細觀看眞難以相認。而當年毛神父主持彌撒時的情景卻在我眼前映現，他宏亮的聲調似也縈繞耳際，講述著人間的大愛，愛天主、愛世人、愛國家的大道理。他常說他自己是神父，雖無子女，但他有許多如子女、兄弟姐妹般愛他尊敬他的教友。要教友們也彼此相愛，像生活在一個大家庭裡。

當我家剛搬到板橋時，兒子周全讀小學三年級，女兒周密剛由幼稚園進入小學，每主日我們一家四口從家走到聖若望天主堂望彌撒，女兒撒嬌，都由她爸爸背著走到教堂。那時板橋一片鄉村景色，我們在田間小路健行，呼吸新鮮空氣，邊談邊走，其樂融融。如今兒女都已長大，展翅高飛，遠在國外就業。丈夫於前年因癌症病逝，一切人事全非。而硬朗、聲音宏亮、健步如飛的毛神父竟也離開人世，眞是人生無常，令人感傷。

彌撒之後，遂即舉行告別儀式，而後發引安葬毛神父於大直天主教公墓，永遠安息。但毛神父的生平事蹟永留人間，令人懷念。就如當時的安葬彌撒大禮，使凡認識毛神父的，甚至不認識毛神父的也都來參與公祭。

毛神父的肉身已安葬入土，正如聖經所載：「來自塵土，歸於塵土」，但毛神父的精神卻在人間永存常在，活躍在人們的心中。

86年8月10日天主教文協通訊第六期，紀念毛理事長振翔特刊

宗教信仰、寫作與閱讀

我們的心是常會暗潮洶湧，有時起之於自我內心的多愁善感，有時卻因外界的一些不如意事，或恐怖的意外影響了我們平靜的心田，而形成我們情緒的低潮。但是終因自我能找到心靈的避風港，而又會歸之於平靜。

去年今日（四月二日）中午，是我面臨我生命存亡的關鍵，此後也是我情緒最低潮的時刻。那天我在中華路長沙街口隨著行人一起過馬路時，中途卻變換了燈號，我未能走上安全島而被一輛疾駛而來的公車撞倒。我迷迷糊糊，但仍然很清醒地發覺我倒在濕漉漉的馬路上，我仍在人間。

我被公車司機扶起，送到了醫院急診處。被診斷是右臂（右肱骨）粉碎性骨折，要動手術換人工骨節。那時我的右臂不但疼痛，動彈不得。而我的內心更是傷痛。我想我這輩子完了，以後不能寫稿、不能做事、不能吃飯，反正用右手或雙手的事，以後都不能做，我將成爲一個廢物。想到了動手術，更是害怕。萬一出了差錯……情緒低落到谷底。右臂又陣陣的痛，我想起剛才醫生說過換人工關節的好處，以後不會受天候變化的影響而疼痛，所以我倒又希望快快動手術，換掉那令我椎心之痛的碎骨。

可是，挨到晚上我仍然躺在急診處。其間有朋友來看我，也安慰我。文友小民是虔誠的基督徒，她在我床前爲我祈禱：「懇求仁慈的上帝，不讓唐潤鈿受開刀的痛苦，最好不要動手術。」我聽到她如此說著。我想，動手術已成定局，只是遲早問題，我只希望讓我少受痛苦，早日痊癒就好了。

夜間，我卻又擔心著次日開刀之事，又加上右臂肩頭疼痛，難以入眠。想想兒女在國外，看看坐在床前椅子上滿頭白髮的丈夫，若也累倒了怎麼辦？那時我想，我不能開刀，開刀需要長時間才能復元。所以我內心就默默祈求：

「萬能的上主助我。在我們人類認爲不可能的事，而在上主都會變爲可能。我是多麼的渴望不開刀，可是我是一個微不足道的小人物，我不敢向您奢求。」而後我唸著玫瑰經，一遍遍的天主經與聖母經……祈求聖母。因爲「聖母是上主耶穌基督在人世間的母親。基督是孝愛祂的母親的，我想著由於慈母的轉達，代爲懇求，或許會有奇蹟發現。」那時我內心稍覺平安，因而入睡了。

到次日清晨醒來時，看到醫生在與外子說話，說動手術已排定在星期一，即三天以後。因此我又陷入苦等的不安與焦慮中。爲了希望早日動手術，託朋友推介好的骨科醫生及早開刀。一天過去，又是一天，朋友都說侯勝茂醫師很好。所以決定商請侯醫師開刀。次日，侯醫師來到急診處問我病情，並看了X光片，他說：

「換人工骨節像蓋新房子，當然很好，但復健的時日較長，骨折也可以醫治，這像修理房子，效果可能差一點。若不滿意，以後也可再動手術。」

這說明了我的粉碎性骨折也可醫治，所以我即刻像見到了救星，要他爲我治療，我不要動手術。而侯醫師又說：「不過，以後右手會舉不高。但可以寫字、做事。」這是我在急診處，痛楚的三天中遇到奇蹟似的唯一樂事。

由於我不用開刀，侯醫師在公保有門診，所以此後我就遵照醫師指示去公保門診，按時打針、吃藥。原來骨頭有再生的能力，碎骨還會再能癒合。雖然每天疼痛度日，但我滿懷著希望。右手不能動，我使用左手吃飯，也學著用左手寫稿。我在國語日報爲青少年寫一個「法律與生活」專欄，試著用左手寫，像是小學生學寫字，歪歪斜斜，也很慢。但在寫作時，我稍能淡忘臂痛。

平時不能外出，也不想做事，通常都是看書看報或看看電視。也不忘翻閱聖經。這令我忘憂解愁。但到了晚上，常因疼痛難熬，輾轉反側不能入眠，我是天主教徒，便又唸著玫瑰經。每天清晨與臨睡前我也不忘祈禱與唸早、晚課。然而我的右臂未能全部癒合，因有一塊碎骨未回復到原位。當醫師告訴我這個事實，我的心情又是非常沈重，後悔當初沒有開刀。但已受了好幾個月的痛苦，再來動手術，想想有點不甘願。此後，侯醫師要我做些簡單的復健運動。我怕痛，但量力爲之。也很有耐心恆心地做著，當那天醫師說可以除掉吊掛右臂的三角巾時，我眞想高興地歡呼。可是我的右臂眞的舉不高，不能用右手梳頭，也不能彎到後背拉拉鍊。我很想痛哭一場，情緒又低落得無以復加。但是我想，我已可以用右手寫稿了，這還不好嗎？儘量找出理由來寬慰自己，也不時的爲自己祈求，因爲聖經上記載著：「你們求，必要給你們。……因爲凡是求的，就必得到。」我也很有耐心與恆心的遵照著做各種復健運動，最近一次去看侯醫師時，他驚喜地說我的右臂比他預期的要好，動手術也不過如此。他開玩笑地說該給我頒發嘉獎狀。因爲我是一個肯與醫生合作的好病人，我也慶幸能遇到好醫生。我內心在想，是不是眞有「神助」？

目前我的右臂我認爲不太靈活，舉得還是不高，但已可以摸到自己的頭頂。天氣突變轉冷，或陰雨時會痠痛之外，平時也不覺得有異狀。但爲了求好，繼續做復健運動。

宗教信仰、寫作與閱讀，可說是我這一年來的心靈依靠的避風港，讓我安然、平靜地渡過了情緒低落、痛苦的漫長日子。如今，使我忘卻了「老之將至」，我又滿懷希望地重又扯起人生航行的帆，快樂的向前航行。

（完稿於民82年4月9日車禍週年日後一週）

刊於82年5月26日中國婦女週刊

心聲心語

志趣深情
滋潤豐富
我們的生命

母親的心聲

——記全兒冬日去莫斯科

你自紐倫堡回來才兩個多星期，而又要乘下午五點鐘的華航班機飛漢城轉往莫斯科。你說這次同行的有三人，不要我們去機場送行。因公司事務繁忙，上午你仍需到公司辦公，下午與同事一起去機場。你老爸與我都同意了，我們不送行。但我想到你在隆冬去莫斯科，便有不寒而慄的感覺，我好心疼。

今日清晨，看你拉著衣箱，捧著厚重的大衣，老爸搶著爲你叫計程車，你的公司在民生東路，而我們的親戚住在九龍大廈，相距很近，因而我就搭便車，既可送你到辦公室，也順便去探望親戚，可說是一舉兩得。

在路上，我有很多話想要跟你說，但是當我想到你昨晚整理衣箱至深夜，且早晨又起得早，怕你睡眠不夠，我盡量壓制住自己不說話，好讓你可以閉目養神休息片刻，或者靜靜地思考今天該做的事。

這兩個星期來，你上班都趕坐計程車，常遇塞車。我想倘若今天塞得久一點倒也很好，你可以多一點時間來思考或休息，而今天偏偏交通順暢，不久便自臺北南區到了東區，而轉到了民生東路。於是我說話了：「我想下午在你出發前過來看你，好嗎？」

在開往機場途中，我不便多話，只靜靜地想著：你缺乏國貿的才學，不過，我希望憑你的秉性與語文能力，應該可以勝任。你自幼不喜讀死書，學業成績平平。但是你在幼稚園時就有兩次代表同學致詞，一次是致歡送詞，一次是代表畢業生致謝詞，此後更有多次上台演唱的經驗。在大學時你參加學校的課外活動——健言社，曾被話劇社的同學借用，要你演男主角。演出時，我們全家爲你捧場。

你在中學時，每次時事測驗，不是最優，就是名列三名之前。你一向對數學沒有興趣，成績總是在及格邊緣，有一次只得二分半。我們爲你大學聯考很是擔心。那時，你瀟脫地認爲何必一定要讀大學？讀高二下的時候，你才知道用功。

你的記憶力特強，幾乎過目不忘。我有什麼名詞、成語記憶不清時，不需查辭典，只要問你。不過你學業成績並不是挺好，老師以你多次模擬考試的結果推測，你似乎可以考得上政大。在聯考前夕時，你居然跟我說：「媽，我要跟你做同學！」（我是臺大畢業的）當大學聯考後，我問你考得怎樣，你聳聳肩，說：

「別的都還可以，祇是數學太差，恐怕只有二十來分。」果然你考了二十五分。但你的確進了臺大。老師與我們都爲你高興。你在聯考之後，報名參加了台視「分秒必爭」的智力測驗節目。因你都能及時答覆十二個問題獲得滿分衛冕數次，也得了手錶、鋼筆等許多獎品，我們眞以你爲榮。

可是，你在大學裡的學業表現平平。你在文學院中是萬綠叢中數點紅。周圍全是活潑可愛的女生，我怕你會迷失方向，不停地叮嚀，應以學業爲重。婚姻問題一定要在大學畢業之後談論。你眞是聽話的乖孩子，與女同學相處如同手足，沒有牽涉到感情的困擾。但當你出國時，女同學們一個個結婚，或與男友相偕出國，而你仍無固定的女友，我爲你操心，你卻聳聳肩來安慰我：「別急」。你要等學成時再談論婚姻。可是在國外五年過去了，你得了個文學碩士學位，現在第二個五年又過了。博士學位與女友都尙懸在空中，做母親的我是如何的煩心，你可知道？

近年來，你爲論文而每天上圖書館已有些厭倦，你認爲博士學位只是虛名，將來也只能教書或從事研究工作，你的一位德籍得有文學博士學位的學長，在德國找不到一席教學之地。他反而拜託你幫忙在臺灣爲他物色一個工作，這使你更爲寒心。所以你要趁著還年輕，要走出象牙之塔早爲自己的前途打算，無論在臺灣或德國，找個好工作，你說你快老了，已經三十五歲了。

你說的也有道理，但我對你想要捨棄學位覺得可惜，而你老爸比較開通，他一直站在你的一邊，他說：「『惟有讀書高』的『士大夫觀念』的時代已經過去了，現在是經貿掛帥！」所以我表面上也裝著完全尊重你的決定，因人各有志。

去年暑假你果然進入一家商業機構工作，我爲尊重你的決定而表示同意，但我眞正的心意一直埋在心底，苦無表達的機會，悶得我很是難過。

當你們辦好出境手續時，我悄悄地跟你說了我心中的話：

「你到了莫斯科，順便去圖書館查查有沒有你博士論文所需的資料。」你卻又聳聳肩說：

「怕沒有時間，在莫斯科頂多待兩個月。」

眞的，限於時間，我也沒法再與你多說話，你們能及時趕上已經是事實。我祝你們一路順風，順利完成任務，一切如老闆所預期的計畫進行。但我含淚回到家裡，我有話要說，而目前沒有對象，我祇好用紙筆寫下我的感受。等你回來時給你看。

你好學博學，這是你的長處，但是現在，該是專精向上的時刻。金字塔的能夠聳立，是基於它的博，若不是頂點歸聚於一，也不會穩立而永垂於世。你可否再考慮考慮？你現在所追求的到底是什麼？若只是爲了溫飽，或生活的享受，你老早該轉變方針了，何必在外苦苦鑽研十年？現在你既已決定從商，也該善用時間，利用餘暇或許仍能完成自己既定的目標，你畢竟還年輕，前程遠大，別爲了一時而將來老大徒傷悲！博士，我認爲並不是虛名，而是代表在學業上的尖頂。是一種榮耀。

博學是好事，但也是缺點，不能專精於一，而會使自己隨俗，不過，若你認爲心安與快樂，那又當別論。至於人生最不可缺少的，是一個溫暖幸福的家，希望你不久在人生旅途上覓得一個與你携手並進，建立美滿家庭的意中人。

在莫斯科酷寒的冬日，我在臺北深夜燈下記述著我的叨叨絮語。這是母親的愛與關懷，不知你是否愛聽？

或許世上也有很多像你我一樣情況的兒子與母親，這些絮語可能也正是天下母親們的心聲。

莫斯科天寒地凍，要保暖保重保健，身體第一，不要太勞累，也該保留些自己休閒或進修的時間。（完稿於全兒離臺赴莫斯科次日深夜）

81年12月6日中華日報

我的最愛

——我寫我思我見

我剛到臺灣時在省立基隆女中讀高一下，見到校園裡開遍了美麗的杜鵑花，尤其後山，那耀眼的姹紫嫣紅與可愛的翠綠一片，眞令人難以置信，這是冬天嗎？還是春天!?我於民國三十七年元月底來臺，不久之前我還在白雪紛飛的上海，寒意在心頭未除，而如今滿眼所見卻全是春天景象。來臺後，我寄居在叔嬸家，爲了就讀基隆女中，便在開學前先去學校參觀。

叔叔唐桐蓀先生時任基隆港務局港務長，家住中正路的一幢日式房屋，前後都有院子，後院臨海，近觀基隆港景色全貌，所有船隻出入基隆港，也都在我們視線之內。海鳥時常在海面上飛翔，有時會在我頭頂掠過，但一忽兒展翅翱翔，飛入雲端，飛至遠處。我的目光也隨著高眺遠望。那蔚藍的海天一色，眞令人陶醉與暇思，我恨我不會繪畫，假如會畫，把那美景畫下來多好！

前院走上十來級石階，便是馬路。馬路對面是蒼翠的大山，山腳下有住戶數家。同學說，到東明路的基隆女中上學也可以爬這座山，翻過去就到了。但我沒有時間，也不敢爬山，所以都坐公車去上學，後來學會了騎自行車，便騎車上學。

在學校裡，常跟同學一起爬後山，佇立在杜鵑花叢，眞像是人在圖畫裡，好美好可愛！我覺得我選擇來臺是對的，於是我便寫下當時的情景與感受，寄給在上海新本女中時的同學禮修。她也即刻回信，要我把臺灣所見統統記下，寫信告訴她，她說她高中畢業後想來臺讀大學。

可是好景不常，所見的杜鵑花在連日的風雨中幾乎全部凋謝，盛況不再，我感慨我難受。有一次作文課自由命題時，我便寫了一篇「悼玉殞了的杜鵑花」，方老師評語是情文並茂，要我謄寫一遍後由老師代寄至一個刊物發表。那年暑假裡我寫了「僥倖的我」、「消極煩悶的李太太」與「迷途的羔羊」等篇，在中華日報「青年園地」、「臺灣新生報」的「家庭版」與上海「家」雜誌上發表，那時我立下宏願，希望自己將來讀文學院，成爲名作家。

然而我高二以後，爲了課業，高三爲了考大學，忙得根本沒有閒暇來寫稿。而且那時情緒很壞，因爲大陸鐵幕深垂，隔絕了與親長、同學的通信，我只能在日記上寫下我的痛苦心情。大學四年也在匆忙中過去，因我讀的是法律，倍感辛苦。畢業後，一手拿文憑一手又接了結婚證書。但我在工作與家事之餘，仍然愛寫，印象最深刻的是我翻譯了一篇短文，但是花了我很多時間查英文字典辭典而寫成的，寄到某一雜誌社，等了很久沒有刊出，後來無意間讀到一篇文章似曾相識，原來就是我翻譯的，但題目改了，譯者名字也不是我。那時我好生氣，氣得我不想再投稿。實際上也是因爲我有了孩子，忙得沒時間寫。此後，眞的也很久沒再動筆，但我始終仍有寫的意願。

當我看到剛成立不久的臺灣電視公司長期徵求電視劇本啓事時，我竟也毫不量力的編寫電視劇本寄去。居然第一次編劇，在編審提出審查意見後，來函告知，若能據以改寫，或可採用等等，我見此來函，欣喜異常。於是再三思量，遵照指示後改寫，我的第一個劇本果然被採用演出。此後我熱中於編寫電視劇本，有退稿，也有演出。我自己將退稿仔細閱讀，予以改編，居然還得獎，如民國五十五年間教育部的電視劇徵獎，李曼瑰教授的獨幕劇，菲華吳伯康的徵多幕舞台劇本，居然我都得佳作與第二名獎。在電視連續劇風行後，我不再編劇，我把以前編的單元劇改寫爲小說，「石縫小樹」短篇小說集中有數篇小說便自劇本改寫而成。後來中廣一位陶編審看了「石縫小樹」集子後，他建議我可據以改編爲廣播刻。因此我編寫了兩個廣播劇本在中廣聯播時段播出，每次一小時。後來中廣又闢出「中國歷史廣播劇集」時段，每一位歷史人物分寫六集，各半小時，每天一集，一週播完的劇本，我也寫了杜甫、陸放翁與袁枚等三人共計十八集的歷史廣播劇本在中廣播出。那時我也曾有雄心壯志自我策劃編寫電視連續劇本，閉門造車編寫了十餘集，但後來苦於沒有時間，也缺乏勇氣持續而中輟。我也曾編寫電影劇本，是二十多年前影劇學會徵劇本，我也閉門造車編寫了劇本去應徵，最後收到退稿，並附通函一封，說明來稿太多，難免有遺珠之憾。後來，我想我不該好高騖遠，浪費寶貴時間來編劇，我是圈外人，如何能擠得進那編劇名家的圈圈呢？

從此，我就寫些自己所思所見與工作上的經驗，效果不錯。但有時突發奇想亂寫，也不管是否爲刊物所適用，寫好便寄，遭退稿的也不少。收到退稿雖很難受，但我也只有短暫的冷度，一會兒卻又動筆寫了，因爲所見所思的景物或感觸在腦海裡醞釀，怕忘記而寫下。

日前我在家整理，發現了不少退稿與尚未完成的稿件，但我捨不得丟棄，又如同珍寶似的保留起來，因爲都是我當時所思所見的寫眞。我深深的體會，我愛寫之心始終未變。如今已年逾甲子，我仍然興致勃勃地來寫我的所見所思，也不考慮刊物是否適用，也不怕遭退稿，因爲我覺得用筆來寫的時刻，便有樂趣存在，忘卻一切煩憂。

因此，我寫我思我見，也許也正是我生平的最愛，我樂此而不疲。可是有時爲自己的最愛，苦苦思索而柔腸寸斷，但是當我寫下所見所思，變爲鉛字之時，也正如自己懷胎十月，生下可愛的麟兒一般，當懷孕與生產時的痛苦全已抛至九霄雲外了，這其間大概就是存在著人世間的「最愛」之情吧!?對那珍貴的「最愛」，永遠無怨也無悔！可以爲其辛勞終身，因爲那就是名副其實、難以割捨的「最愛」。

83年7月4日青年日報

書寫的魅力

我現在發現書和寫的魅力。書，使我放棄了法學，而步入圖書館工作，爲書辛勞了一輩子。書也爲我帶來快樂與忘痛解憂。寫是爲大衆推薦或迅予尋取合宜的資料，因而我也覺得欣慰與喜悅。

民國四三年夏，我剛自臺大法律學系畢業，由於老師的推介，我到懷寧街的李琳律師事務所擔任助理，工作近一個月時，龔士榮神父（我大學時第二外國語法文教授）說，他的一位教友奉教育部令要籌備中央圖書館在臺復館，那時會需要很多工作人員，問我有沒有興趣？當時我毫不考慮地即時回答，我有興趣。

至於復館日期尚未確定。此後，在我的腦海裡，卻常會浮現著各種各類的書，我不知道怎麼處理而常會在夢中驚醒。可是，我還是離開了律師事務所。

在同年的十月一日我便去報到。那時中央圖書館復館籌備處設在中山南路教育部舊址（現在新建的台大醫院院址）的一間屋子裡。我見到了蔣復璁館長，他說，以後中央圖書館的函件很多，會來自世界各地，派我擔任收發。這有違我的初衷，但我還是欣然接受。雖與書沒有直接關係，而我終能站在圖書館的大門口，作爲書的守門人而樂。

由於我對書情有獨鍾，而又個性執著。後來進了兩次暑期圖書館工作人員講習班，由初級班而高級班，學習，不斷的學習。由實習員、幹事、編輯而編纂，從擔任收發、文書、人事行政、管理書庫、編索引、辦理國內外書展、館際合作，最後到參考服務。

我喜愛書，也喜歡寫，把當時工作上的感受寫在日記上，而後一篇篇的寫成了〈圖書館員甘苦談〉、〈現代書僮〉、〈圖書館參考服務記趣〉、〈館際合作的趨向〉、〈八國聯軍時的賽金花——參考服務一得〉、〈研究與索引〉等等，日積月累，點點滴滴竟結集成專書，有《書僮書語》、《好書引介》二冊，與《瓜與豆》及《愛的祝福》兩本散文集中的一部分，計有二百餘篇。

若不是在圖書館工作，我怎能寫出這些有關圖書館與書的篇章？所以現在回想起來，我當初的選擇是對的，也毫不後悔。因爲我發覺我對書和寫，的確是有著濃厚深情。

民國七十六年初，遷到新館後的次年，我因骨關節發病住院，我體驗到自身的健康比書更爲重要，以後不適宜於每天奔波往返圖書館工作，因此決定申請提前退休，我依依不捨地離開了工作近三十三年之久的圖書館。

自七六年八月退休後，我偶爾以讀者身分去中央圖書查閱圖書資料。而去（八十一）年四月初因遭車禍，我右臂粉碎性骨折，陷入治療的痛苦中，也未能再進入圖書館閱讀。在十月間接獲中央圖書館慶，要在八十二年四月二十一日館慶前編印《國立中央圖書館同仁著作目錄》。

我勉為其難的遵囑填寫，專書有十四冊，單篇篇目我選列了八十餘篇。而在今年初的校對稿上，專書部分為我增列了一冊《生活法律故事》（八十一年十二月出版），單篇卻已增至四百二十八篇，我好感動。主其事的吳碧娟編輯與連絡人羅金梅小姐都說是由工讀生補查的。

我好感佩他們本著圖書館員的熱忱工作，我本來只選列一些篇目是因為自己臂傷剛癒，同時也為了避免同仁工作量過重，也不好意思多填寫。如今由於同仁的協助增列，似更完善。在我校稿完畢依限繳卷之後，一時興起，也忘了碎骨留有後遺症的右臂，來個翻箱倒篋找出原始剪報，發現未收入專書的單篇書評書介尚有一百四十篇，眞可說與書有緣，我似乎也成了代人讀書的書僮。但使我重溫讀書之樂。

近年來，我寫〈法律與生活〉專欄，為增進青少年法律常識，使他們養成知法、守法的習慣。我在右臂受傷時，曾用左手寫了數篇，現在已寫第一百篇，目前所寫都取材於社會新聞。這是我寫讀書心得之外的又一種寫閱報心得。我幾乎成了一個專為人代讀書報的代讀人了。這種喜愛書寫的深情是否與生俱來？還是後天培養而得？——也許是我作了三十多年圖書館員，養成了樂於為人服務的習性吧？或者是出於與人共享的心理。

書寫與我已建立起濃濃深情，似乎也再難以割捨了。因為書和寫，都能使我解痛、忘憂、欣慰與喜悅。這是書和寫的魅力。

82年4月23日中華日報

一次雅集

——兼記致力書法藝術的丁錦泉先生

曾與丁錦泉先生有一面之雅，在文復會正要改制爲中華文化復興動員總會之前，每星期四下午，在文復會二樓會議室內有兩位老師同時教授書法與國畫，書法班指導教授是名書法家李普同先生，多位文友都由於前文復會主任秘書孫如陵先生的推介而在書法班學習。大前年，他們的作品參與在國軍文藝中心舉行的師生聯展，我去參觀，覺得他們的書法進步神速，欣羨不已。

書法是中國特有的藝術，也具有怡情養性、美化人生的功能，在科技精進、物質文明的今日，大家生活在富裕而失序的大環境中，大半心情緊張、心靈空虛。我想到書法眞該是我們生活中最好的調劑，可是我的字寫得不好，常以此爲憾。

在諸位好友的鼓勵下，我也加入了書法班。有一天我到得最早，丁錦泉到班上來找王人傑先生。學兄王人傑尚未來到。丁先生拿出他的書法作品集請我轉交，我也「順便」獲得丁先生簽名題贈的「丁錦泉書法作品第二集」一冊。

丁先生很年輕，還不到四十歲，但他的筆力剛勁，行草隸篆皆工，不全書古人詩詞，許多詩句聯語出於自撰。原來他書法師事李普同先生，已經學了二十幾年，還隨王靜芝先生學書畫，更從周植夫先生學詩詞。他小時候就獲第一屆全國硬筆書法比賽第一名，臺北市建制二十週年現場書法比賽獲得首獎，也曾參加中日韓國際書道邀請展多次，由此看來，他的成就是得之於天賦，再加上後天不斷的努力。

我對丁先生雖然只有一面之雅，但是由於他的書法作品集而有深刻的印象。

這一天，在已經星散了的書法班同窗連繫下參加了丁錦泉先生邀約去木柵觀光茶園與早餐，在欣賞大自然晨色之外，還聆聽到他與他的至友吳榮燦教授（吳教授在華岡任教，是傑出的國樂演奏、指揮與作曲家）以南胡與粤胡（高弦）來合奏「桃花過渡」、「白牡丹」、「思想起」與「雪梅思君」等，後來又聆聽吳先生南胡獨奏「空山鳥語」，那眞是幽谷清音，人間化境。丁先生說他與吳先生相識相交只有兩年，是在一個偶然的場合，聽到吳先生彈奏出美妙而有感情的琴音，他驚異於「撫琴頓挫彈何易，落筆方圓意更難」而成爲知音。吳先生也欣賞他的書法與爲人熱情豪爽，因此惺惺相惜，兩人成爲莫逆之交。

後來，丁先生暢談他對書法的理論與抱負，他要傳授書法藝術給社會大衆，使之發揚光大，綿延至後世子孫，所以他在許多的書法社團任教，更樂意於教小學生。

吳先生語重心長的提出了他對丁先生的知友箴言，勸他要愛惜身體，注重保養，編印書法書籍的計畫太多太龐大，以個人之力會不堪負荷，最不該的是爲了全心致力於推廣書法，辭去了原有的工作。

我們聽了都爲丁先生對書法的執著感佩，也都好奇，沒有固定的薪水，如何生活？原來丁先生從星期一到星期日每天都排好日程，星期一、三、五在各社團教書法，教小學生、中學生、社會青年與七八十歲的老年人。星期二是他閉門專心讀書的日子，不與外界接觸。星期四書寫，晚上在世新教課。星期六有茶會，與朋友相聚聊天，研究切磋。星期天有時也忙得無法與妻兒共享天倫樂。只要有一點可利用的時間，他就揮毫書寫，他的心中只有書法，沒有雜念。

雖然丁先生接受好友的善言相勸，但是他並不以現有的成就爲滿足，他有滿腔的熱忱，也爲現時書法的斷層而有無限的憂心，他想肩挑起書法傳承的重任。

現在學校教育中並不重視書法，沒有專業權威的書法機構，也很少有專業的書法家，學書法的大半也都是玩票性質，像丁先生這樣以書法爲終身志業的人，恐怕爲數不多。

惟有寄望在紛亂失序的社會中的大衆能靜下心來，共同在文化建設中，兼顧固有的文化與書法藝術的發揚。假使社會大衆樂於接受書法的薰陶，或許也能導正社會步向寧靜與安樂！

81年4月26日國語日報

故鄉我那生長的地方

我終於回到了闊別四十餘年的故鄉——上海近郊的小村莊唐家塘。可是我家祖屋已被拆除而又改建，連小河也塡平，在我腦海裡印象最深刻的後院竹園，與前院的老梅樹及梧桐樹等也全已杳無踪影。我要潤俅妹陪我去祭拜父母與祖先，可是唐家墓園已夷爲平地。俅妹說：「因爲開築道路，被移葬他處」。至於在何處，她也記憶不清，繼母也不知道。

故鄉，曾使我魂牽夢繫的生長的地方，完全都改了樣，我是多麼的痛苦與茫然。我無奈地站在陌生的大門口，淚眼婆娑地遙望著陰沉沉的天空，喃喃低語：

爸媽，我回來看您們了，我相信您們一定能看到我，您們的肉身不得在大地安息，您們的靈魂一定飛昇天鄉。願您們平安。媽，您在抗日戰爭逃難時不幸而離世，距今已五十餘年，但您的音容在我的內心仍然清晰鮮明。

爸，我曾令您憂心與煩心，爲了求學我違抗了繼母與您的安排，獨自離家來到臺灣。那是在民國三十七年元月，沒有得到您的同意前，我偷偷地離家搭上赴臺的輪船。當輪船停泊在基隆碼頭，桐蓀叔嬸來到船上。原來父親已拍電報給叔叔，問我有否來臺？證實我確已平安抵達，叔叔即時回了電報。我也就此住了下來，進入基隆女中就讀。次年，上海紊亂。父親曾在諭示中問我臺灣情況，似有來臺的意願。

我因自私心作祟，怕繼母與您來臺會擾亂了我既有的安靜讀書環境。因此胡寫了些當時的現況，說我來到一個語言不通的地方，我祇會說上海話，不會說標準國語，同學們也不太會說，她們平時都說日語與閩南語，彼此不易溝通，常鬧笑話，適應上有諸多困難。而我又說此間謀生不易，臺灣人生活都很困苦。叔叔因有航海專長，出任基隆港務局港務長與負責引水工作（領港），生活很好、房屋也大，家中有兩個傭人。然而，轉瞬之間與父親失去了聯絡。日後傳來父親勞改、生病，繼母分發到江西省，潤俅妹在鎮上衛生所工作，潤來弟在鄉間種田。

自文化大革命後，就再也沒有一點家鄉音訊。後來，經過了很多周折，俅妹與我才又取得連繫。如今政府開放回鄉探親後，我以欣喜與悲慟交織的心情回到了故鄉。舅舅說：

「當上海危急時，你爸爸獲得一張赴臺飛機票，因你爸爸是國大代表。」

這使我憶起往事，原來父親打聽臺灣情況，當時確有來臺意願。唉！只怪我年幼無知，說了那些廢話，影響了父親來臺的決心。或者是由於父親宅心仁厚，因爲只有一張機票，不願獨善其身，捨不得拋下繼母與一家大小，捨不得離開自己的家園，或是認爲時局將會有轉機？在轉眼之間卻失去了良機！這一切已無法得到答案。我只有怨恨自己，是我的錯！當初爲什麼不鼓勵父親來臺呢？

後來我又得知，父親在一九五一年上海大逮捕時被捕入獄，判刑十五年，服刑四年時因病保外就醫，回到家鄉。後在人民食堂中擔任伙夫，家中財物全部充公，全家掃地出門，住在牛欄裡，還好父親在文化大革命開始那年，因病不治去世，不然所受的苦難將會更多。

繼母說：「你爸爸為你慶幸，說你幸虧到了臺灣。」

繼母總是忘不了往事，她又說了：「就是潤來最淘氣，他小時候抓了自己家養的雞去賣，結果被認為是盜賣公物而被判刑，吃了不少苦頭。」

潤來弟現已娶妻生子與繼母一起住，女兒已出嫁，兒子也即將成年，一家四口生活比以前好，他們都很滿足於現時情況。我也帶了電視機等物送給他們。

那天，潤來弟為我這個四十餘年不見的姐組返鄉，特地宰雞、殺鴨、買甲魚、鱔魚與海參等，準備了二十來道菜，並邀約了三十餘個親友。大家暢談別後，是人生一樂。可是，最讓我傷感的是父親遺骸不知流落何處？是內心永遠的創痛。

以前，我曾懷恨繼母，因為我初中畢業後輟學，要我在家鄉教書，認為全是繼母出的主意，害我浪費了兩年半旳寶貴時間。但是，這世間的一切也許都得歸之於命運吧!?往者已矣！只要自己問心無愧，彼此也就泰然。所以我現在敬愛我的繼母，她已高齡八十。她為父親守著全已改觀了的家園。使我仍能見到鄉間的親人。我除了心存感激與以淚洗面之外，還能說什麼呢？

晚飯後，與繼母及衆親友道別，到俅妹妹夫家，離開了我難以忘懷的故鄉，曾經魂牽夢繫而終能成為事實，卻又全然陌生的，我那生長的地方。

83年7月25日中華日報

仁者叔父安息吧

忍叔（唐桐蓀先生字百忍，臺灣省光復後第一位基隆港務局港務長）；您竟於一九九五年元月廿三日下午二時三刻於洗腎台上因心臟病發，群醫救治罔效，在嬸嬸的哀號聲中離世了，這怎會想到呢？您一直說要活到九十六歲，而您現在只有八十八歲啊！

那天下午我正午睡起來，接到嬸媽電話通知，說您情況不好，慕川弟會接她去醫院看您，但她連絡不到鎮國哥（嬸媽的姪兒），而我在想，前天我去醫院看您時您臉色紅潤，那時堯芳妹與表姊陪著您，堯芳說因前一天您剛洗過腎精神也好，她頑皮地指著我問您：「爸，她是誰？」您說：「她是我姪女，別以為我老糊塗了。」您笑瞇瞇地說著，望著我們並揮舞著手又說：「你們是姊妹，以後要好好相處互相幫助。」我們平時認為您有點糊塗，但您的確不糊塗，而後繼又說著：「我有五十塊錢，給堯芳三十，給你二十元。」我們認為您還是有點糊塗，因此也都笑笑。後來您說要起來小便，於是表姊、堯芳與我三人扶著高大的您從床上走下來，但是走了兩步您竟站立不穩幾乎倒下。於是我喊護士幫忙，然後我們四人合力扶您回床，一向堅持下床小便的您，只好用了尿壺。但次晚慕川弟去看您時，您卻又在慕川弟等扶持下去了廁所。我相信您在洗腎醫療之後不久就可康復出院。故當時聽說您情況不好，我只想到也許就像前天一般只是舉步不穩而已。

外子於十二月在榮總動大腸腫瘤切除手術，那時您很好，您在堯芳與慶龍夫婦陪伴著也來榮總看他。所以當外子得知您緊急不好的病情通報，故堅持要和我一起去醫院探望您，因此我們坐計程車趕到醫院還不到下午四時，不但您已嚥下最後一口氣，且已移送至太平間，連最後一面我們都未見到，您就這樣走了!?我不信，但望著空床，我們流下了傷心淚。趕到地下室，那時篤信佛教的嬸嬸淚流滿面，率領兒女孫輩與佛教信友在爲您唸經。不久，慕川弟與弟妹韡韡陪著嬸媽也來到，大家都嚎啕痛哭。外子因動手術後出院不久，他體力不好，於是我陪他先離開回家，一切後事都由慕川弟，韡韡與堯芳等料理。

然而在歸途中，在家時，您的音容一直映現在我眼簾，尤其是愉快團聚的農曆春節，每年年初一鎮國哥、慕川弟與我們三家大小都會向您與嬸媽二老拜年而歡聚，後因我們三家的兒女因長大結婚或出外留學而人數漸減，可是今年因爲您走了，情況更是完全不同。

您一向身體健朗，常常往返於臺北與板橋之間，但您過年過節一定會在臺北，是習慣也是責任，因爲您與嬸媽已結婚超過六十年，而您卻心繫板橋，因嬸嬸住在板橋，但得到嬸嬸的諒解，您住在臺北的時間居多。嬸媽現已九十高齡，有點自顧不暇，故未能盡心照顧您。有時家中菜餚不合胃口，您就獨自外出用膳。雖然您年事高，頭腦不像年輕時清楚，但您總會認得路回家，而且對於陳年往事尤其記憶猶新，總是津津樂道，就如您寫「十年海上生活隨筆」（錄入「百忍文存」一書中）時一樣，把海事、家事塵封的往事都會生動的講給我們聽。

忍叔，您是念舊不忘本，樂善好施的仁慈長者，在大陸遽變，許多親友逃難來臺，都受到您的照顧，即使子姪輩的朋友也不例外。如慕川弟的同學李殿魁博士常時年幼家庭變故，也曾受您的資助。您又好客，家中賓客川流不息。您常爲別人設想，您也曾多次說我的父親若來臺灣就好了，不會在家鄉受那麼多的苦難，年輕輕的七十歲就過世了。忍叔與先父是同高祖的堂兄弟，自幼在上海近郊的農村中長大，後來忍叔全家遷居上海徐家滙，進吳淞商船專校，交通大學。此後也就航行在浩瀚的大海洋裡。父親因在上海讀大學、工作，您們會見面，而我們晚輩不常到徐家滙，您也很少回家鄉，所以您在我的心目中是遙不可及，高不可攀，是家族中見多識廣不同凡響的大人物。

抗戰時，您在重慶教書，嬸媽千辛萬苦的隨後抵達與您團聚。八年抗戰勝利，您因有航業專長，所以被派到臺灣，任職於基隆港務局，那時我初中畢業後，由於父親與繼母的安排在鄉間小學教書，而我正有著雄心壯志不願屈居鄉間，於是就寫信給您，想出來工作或讀書，不久接到您的手諭，說一個弱女子怎可出來工作？該好好讀書，若需學費，可以匯來。我知道不是學費問題，所以我又再度寫信，希望來臺讀書。還沒有得到您回信，我卻私自離家搭輪船來到基隆碼頭，有關這段往事我所寫已有多篇，不在此贅述。（如近作「紀念父親」一文錄入小民編著的「走過流淚谷」一書中。）因此，我就在臺住下，讀基隆女中與臺灣大學，我一向知分寸，自重自愛，除了學費必須費用之外不向叔嬸伸手要錢，因嬸媽主持家務，費用都由嬸媽給我。進了臺大我住校，我申請做工讀生，我又擔任家教，就這樣渡過了四年大學生活，不久便結婚，做公務員，一幌四十餘年時光流逝。

在那期間，我曾聽說忍叔與嬸媽之間因感情問題鬧得很不愉快，我也聽到我的朋友說：您叔叔在外生了個女兒。我信，但也不信，一向嚴肅的忍叔怎會如此浪漫呢？因是長輩的感情問題，我們做晚輩的不能說什麼。那時我愛編劇本與寫小說，故事也偶而涉及外遇問題。曾以「家」爲篇名的多幕劇被僑聯出版社收錄出版，我也送了一本給忍叔，忍叔看了，彼此也都不提那敏感問題。有一次嬸媽生氣地說：

「他要去板橋住，要跟我離婚，我眞想跟他離婚。……」我勸她別生氣多考慮。嬸媽是舊式婦女未受新制教育，而且那時已年近七旬，離婚似乎對嬸媽本人與叔叔的事業前途雙方都受影響。

此後，叔叔與嬸媽沒有離婚，住在板橋的嬸嬸出身良家，更是明理之人，她深愛著忍叔，不求名份委屈求全，近四十年來她全心一意的愛護忍叔，教育子女與照顧兒孫。人生能得如此恬淡，彼此知心相愛而無怨無悔，眞是難能可貴。忍叔住在醫院裡都是年輕的嬸嬸在照顧，忍叔在彌留之際，嬸嬸在旁，她呼喚著您，而您也聲聲「阿寶，阿寶」平安而去。這是一幅多麼淒美的最後人生鏡頭。

忍叔，您身後之事，一切都已在慕川弟與堯芳妹等協調下，儘如您的遺言辦理。於二月廿四日在臺北市立第二殯儀館舉行哀祭大禮後安葬於淡水北海公墓。

樂善好施的仁者，一定會有平安善報，無論佛教、天主教、基督教都有此一說。我敬愛的忍叔，您仁慈、心善，堅忍地已平安走完人生旅程，如今返回天鄉，請安息吧！

84年3月1日「中國婦女」周刊

內心的轉變

我居然於今（一九九六）年的聖誕節前，連續兩個晚上，出席聆聽見證分享，我的內心由恐懼、憂慮而轉爲平安、喜樂，這眞是上主所賜的力量。

晚上，我很少出門，尤其經過人生慘痛的大變故——去年五月，丈夫癌症去世，八月，我跌斷大腿骨動手術。我心情不好，也沒有能力，別說晚上，就連白天也是足不出戶。

經過了一年多的身心調適，可以外出活動，而由於一拐一拐，行動不自如，所以非不得已仍是不出門。不過，在我能拄著拐杖走路時，每逢主日我必定去教堂望彌撒。

今年進入十二月時序的耶穌降臨期，本堂——法蒂瑪天主堂程神父分發了「見證分享」通告：

「爲迎接耶穌聖誕，充實靈修，滿全我們信仰的願望，本堂舉辦見證分享，藉以拉近我們與天主之間的距離。

我們天天爲世俗事務羈絆，忙忙碌碌，能抽空兩個晚上，清靜心境，聆聽精彩的見證，分享天人關係的喜樂。不但對靈修極有幫助，心靈深處獲得充實，而且對天主將有更深一層的體會。

歡迎大家撥冗來參加，更希望你帶領你的家人一起來，在主的光照下，沐受有神恩的人的見證，使不認識天主的你的家人，能接受天主的福音而加入祂的羊棧。

地點：本堂大堂。

時間：十二月十二日、十三日晚上七點半到九點半。」

爲了那兩個晚上的見證分享，我是否該參與？我一直考慮掙扎。我怕摔跤，怕遭意外，我有點不敢外出。因爲我患有嚴重的骨質疏鬆症，經不起再一次的摔跌，而不可預知的意外，都更是令人心驚膽顫。我理智的決定，爲了安全起見，晚間不該出去。

但是，我的內心卻有一種感性的呼聲：應該去分享見證。然而感性敵不過我理智的決定，我還是不敢貿貿然獨自外出。沒有鄰居、沒有朋友、沒有親戚要陪我去教堂，她們不是有事，就是嫌路遠，或晚上不出來。住在隔壁的嬸嬸，她九十一高齡，晚上也不宜外出。她更勸我不要出去，我的兒子遠在俄國，女兒在美國。

我又想到去年女兒爲了父親臥病在床，女兒女婿一家四口回來探病，返美後，有一天女兒開車外出，被後面來車追撞而釀成車禍，幸而上主護佑，大人小孩都平安。想到車禍，我更是懼怕，我想穿越馬路，馬路如虎口，我怕……可怕的事越想越多，尤其近日來在各地發生的治安事件與種種意外事故，層出不窮，在我面前撒出了恐怖的網，把我網住。我想我還是留在家裡好，我可以祈禱唸玫瑰經，我作著最後的決定。

可是十二日那晚，當我吃晚飯時，突然想到我去年那段痛苦的日子是怎麼走過來的呢？先是痛苦的鏡頭映顯在眼前，我們全家人圍繞在丈夫病床前，李鴻皋神父爲他敷油。兩週之後，龔士榮神父、李鴻皋神父與桂雅安神父爲丈夫主持殯葬彌撒。那時我家剛由木柵搬到三民路，我還不認識現在的本堂神父。後來聽到了富錦街的法蒂瑪天主堂。因此請程神父爲丈夫在四十九天內做了七台黑彌撒。

八月間，我不小心在家摔了一跤，戴在左手腕女兒送的玉鐲斷成了四截。我想糟了，手臂一定又骨折。五年前我遭一次小車禍，右臂粉碎性骨折。我被送到醫院急診，那時丈夫即刻趕到醫院。如今我獨自一人。我害怕骨折，即刻伸伸雙手，並無異樣。我想還好手臂沒摔斷。於是就想站起來。可是怎麼也無法站立。我就爬到客廳打電話給隔壁的嬸嬸，告以實情，我說我想打電話請一一九救助。她卻建議，要我先開門再打電話，我想也有道理。我也很有把握地爬過去開門。可是當我艱辛地爬到門口，而我痛得無法開門。經過了許多週折，很多人的幫忙，開了門，把我送到醫院急診時，已是午夜十二時半，次日動了手術。

住院期間與回家時，也都是有許多親友的幫忙，但回家之後，因獨自一人，問題重重。也幸而在鄰居、親友、同學、文友、教友與程神父等等關懷與愛心的光照下，使我渡過了人生最最痛苦的日子。在我獨處時，有幸我有信仰，上主在我心中，我祈禱，我唸玫瑰經，唸慈悲經，每天也必定做早晚課，我心中有依靠，深信上主會護佑我，給我力量，我將能重新站立。

當我想到去年在種種困苦中，而我能走了過來。那時有一股神奇的力量，使我勇氣倍增，內心不再懼怕。我想，只要我小心走路。於是我決定參加。因我慢慢走去，到達教堂，已是七時半，教堂原有座位都已坐滿，我就坐在加排的圓凳子上。

見證分享先在聖詠歌聲中開始，主持人是位年輕的梁弘志先生。而後介紹是晚主持見證分享的輔大黎教務長，他先以簡短的開場白，說我們的天主教是世界上最大的宗教，而在臺灣信仰天主教的卻是少數。可是臺灣的許多慈善事業卻由天主教創辦，並予以列舉。如今臺灣所見的怪力亂神，就是因爲一般人沒有正確的信仰。正確信仰融入生活之中，會使人心安定，也能導致社會詳和安樂。

而後介紹了三位女士講述見證與大家分享，第一位，講述她的父親的病與種種刻苦。第二位陳玲女士，講述管教孩子的辛苦，她全心全力的教養孩子，竟得了憂鬱症，由於修女的一句話影響了她。「你愛孩子愛得太多，該把愛分一點給修女。」她看到修女爲孤兒，老人付出心力，無怨無悔，使她醒悟。所以後來她在管教孩子之外，走出家庭去做義工，幫助需要幫助的人。她的憂鬱症竟不藥而癒。也由於她常作見證，自一個害羞的家婦主婦訓練成爲能言善道的宣道者。後由於主持人黎教務長的補充，知道她的先生是擁有大企業的董事長，她是董事長夫人。可是她謙卑地去做義工。名演員郎雄最近因病急診住院。而郎太太要上班沒空陪伴，她便以義工身分去陪伴照顧，眞令人感佩敬仰。

第三位見證人筆名笑陽的錢媽媽。她說她以前未信天主教。那時她的先生胃病開刀，開了四個小時，她在手術室外憂慮著急，腰圍竟瘦了一圈。而手術後又流血不止。她著急得向基督天主祈求，她親友中有信奉天主教的，而她風趣地說：

「我就跟天主講條件，假如丈夫不流血，病好了，我就信天主教。」後來果然病癒，她也就信奉了天主教。

三年後，她的丈夫腦子長瘤，手術很麻煩，她在手術室外等了七個小時。因她已有信仰，內心並不像以前那樣的憂慮。手術也順利完成。

在二十三年前的一個晚上，她不小心，踢翻了一張籐制玻璃桌面的桌子，玻璃打破，她正跌在碎玻璃上，割破了喉嚨，血流如注，她的先生急急拿了毛巾裹住。送醫急診，醫生認爲治癒的希望不大，但盡人事先予止血與縫合。等她清醒過來，她發覺她的脖子腫得很大，原來他們草草縫合，也沒有消毒。後送大醫院，又再動手術。因流血過多，又割傷了舌根，不能發聲，經過了兩年的時間，作復健，用夾子拉長舌頭。那種痛苦她說無法形容。於是她問大家：「我講的話，各位能聽得懂嗎？」

丈家都說懂，但仔細聽，感覺到她的舌頭似乎是短了一點，聽她講話也有一點吃力。而她是如何幸運，走過了死亡的幽谷，如今神采奕奕地講述著她親歷的慘痛往事，像是在說一個故事般那麼的輕鬆。能使她有笑談往事的機會，我相信這是由於信仰產生的力量。

第二晚的見證，我也參加聆聽，主持人仍是梁弘志先生，全由他一人主持；見證人是一位年輕在大學任教的講師林小姐，使我分享著他們所沐育的神恩，如何和睦孝愛的故事，與證實施比受有福的道理等等，我認爲不虛此行，我所作的決定是正確的。這使我內心更增強了對天主的敬愛，也更期望全能的天主來聖化人心，讓世人都能認識全能的天主，讓大家心中都有信仰，信仰融入於生活中。使我們每天都享有著平靜、平安與喜樂。因爲有著正確的信仰，自會產生一種力量，導引我們的人生走向正確的方向。

在我回家的路上，心中響起一首歌「心路」——

「我不爲明天憂慮，因爲明天在主手。明天自有明天福，明天的憂慮也應該明天憂。別要求道路平坦易走，但求主給力量克服崎嶇。………」

我的內心由多憂慮與恐懼而轉變爲平靜、平安。我平安喜樂地回到了家裡。

感謝上主賜給我渡過悲痛，克服恐懼的力量。

86年1月中國天主教文化協進會會訊第32期

心靈新境三則

良藥

她病了，自今年四月清明節前她咳嗽、頭暈，突然血壓升高，眼睛也紅腫，就去醫院看內科，也看眼科，醫生都說她患腺型流行性感冒，配了內服藥與眼藥，眼睛不久就好了，可是仍然咳嗽，喉嚨痛，且頭痛欲裂。

她想，人老了，多病痛，怎麼辦？兒女都在國外，都忙，一個都不回來，叫她獨自一人怎能上山爲丈夫掃墓？她身體疼痛不適之外，心情更是抑鬱。

進入五月時序，她的感冒已近尾聲。她想，清明沒有上山爲丈夫掃墓，再過兩星期將是丈夫辭世兩週年紀念，該爲丈夫獻一台追思彌撒。女兒因孩子幼小不可能返臺，但希望在海外的兒子能回來一趟，可是兒子工作忙無法分身，她的盼望落了空，她孤獨、哀怨，在不知不覺間感冒又侵襲她，只好再去醫院求治，按時服藥而未見好轉。她擔憂若一病不起，兒女都忙，誰來料理她的後事？所以她祈求上主，一定要讓她好起來，目前不能爲兒女增添麻煩。

病好後，她將要去教堂望彌撒謝恩。

五月底，她接到兒子越洋電話，說六月上旬要回來，她爲了兒子的回家，每天服藥之外，不得不提起精神整理兒子的房間，眼看客廳也該整潔一番，陽台上已垂頭喪氣的花葉也該澆澆水。她每天裡外上下的忙著，在兒子回來時，她居然發覺她沒咳嗽，也不再疼痛。她信守諾言與感恩，起了個大早去教堂望彌撒。她內心喜樂、平安。

信仰、愛心與親情就像醫生的良藥，治癒了她的病和解開了她心頭愁悶的鬱結。

86年6月16日中國時報

往好處想

寧靜的夜晚，她獨自一人在家，無奈地躺在沙發上，她抱怨自己爲什麼那麼不小心？收衣服時居然會讓竹竿墜落打到鼻尖與嘴唇!?如今鼻孔在發脹疼痛，嘴唇疼痛之外還有發麻的感覺，萬一嘴鼻腫大得像豬八戒一般，那多糟！再過三天就要出國，怎能出遠門呢？她愈想愈急也愈氣，她鑽進了煩惱哀傷的牛角尖，心也似在絞痛。

她想把這倒楣事件打電話告訴親友，但是疼痛發麻的嘴唇使她懶得動彈。而且她想，何必大驚小怪騷擾別人呢？所以她仍然靜靜地躺著。可是她的心卻無法靜止。她又想到剛才那根竹竿，若落到頭頂，會不會腦震盪？若打破眼鏡片或許會傷了眼睛，若打斷了鼻樑骨，那多慘！還好打在鼻尖之下的部位，且沒有外傷，她覺得還是不幸中的大幸。那時電話鈴聲響起，她不得不去接聽，是好友蕭暉。

於是她向蕭暉述說剛才發生的意外，蕭暉說她以前也有過類似經驗，是很痛，但不久就好了。要她擦點小護士藥膏，提早上床睡覺休息，並祝她旅途愉快，一路順風。

她對鏡在腫脹的嘴鼻上擦了「小護士」，然後去洗澡，滌除一天來的汗水，似也洗淨了心頭的煩惱，她覺得應該很快會好的，也不會有後遺症，心情放鬆不少。

三天後，她如期成行。這完全是由於溫馨的友情，與她自己能夠往好處想，使她及時的從痛苦的牛角尖中走了出來。

若一直陷於痛苦的愁緒中，沒病也會愁出病來！

86年8月4日中國時報

失馬心情

中午，我一個人在家，想要在碗櫥的上層拿一個不常用的大盤，左手拿不動，而右手夠不著。因爲去年遭車禍，我的右臂粉碎性骨折，就沒法舉高，當時又診斷我患了骨質疏鬆症。我想搬個椅子站上去取，但又不敢，怕萬一摔跤，因骨質疏鬆可能會再一次的骨折，萬一傷了脊椎或股骨，那就舉步維艱，更麻煩了。只好在下層拿了個平時常用的盤子，而望著高處興歎。

遭遇車禍意外，是面臨生命存亡的關鍵時刻，是一大災難。有幸而逃過刼難，那種碎骨的傷痛，眞是難以筆墨形容，恐怕也只有身受其苦的人纔能理解。那次車禍發生於去年四月二日，我在中華路長沙街口隨著行人一起過馬路，中途變換了燈號，我未能走上安全島，被一輛疾駛而來的公共汽車撞倒，司機下車扶我起來，送我到醫院急診處，醫生說要動手術換人工關節。

然而，陰錯陽差，有幸而遇到另一位侯醫師，爲我治療，又讓我逃過了動手術——那生死一線的恐怖時刻，在打針、吃藥與注意飲食，多方配合下，這一年來，數塊碎骨已經癒合，連骨質也在改善中，去年脊椎骨的密度很稀鬆，今年三月所做的檢驗，骨頭密度已增高不少。

目前我的右臂雖不靈活，也舉不高，右手只能碰到自己的頭部，天氣突變轉冷，或陰雨時會疼痛之外，平時倒也不覺得有異狀。但爲了求進展，我每天勤做復健運動，按時服藥與營養均衡，多補充鈣質。

可是手臂舉不高的後遺症，卻也造成諸多不便，有時眞會令人沮喪懊惱。不過，我是一個想得開的人，每次在困苦煩憂時，總會找出些理由來安慰自己。我想，我若不遭車禍骨折，我的骨質疏鬆症也不會被發現，或許有一天「病入膏肓」，會到無法挽救的地步。如今右臂雖有後遺症，但我的骨質疏鬆症的大患已經抑制住了，這也可說是「塞翁失馬」，焉知非福呢？

而且，我在國語日報爲青少年寫「法律與生活」專欄。去年因右臂骨折不能寫，我便學習著用左手寫，像小學生學寫字，歪歪斜斜，也很慢，但終不使專欄中輟。且在去年十二月彙編出版了「生活法律故事」一書。如今該專欄仍然持續著，那是我一年來痛苦日子中的最大安慰。我更感謝上主，使我免去災禍，賜我力量，我是天主教徒，當我在痛苦時不忘祈求，在我欣喜時更會感恩。果然在午飯時刻，我心頭的煩憂全消。

這種痛苦、無奈與自我寬慰的心情，我名之爲「失馬心情」。我也認爲天下事，無論禍福、得失，不必太計較，只要自己心靈有所屬，能保持平靜的心情，不悲喜過度，不被痛苦的意外擊倒，任何困難都會過去，也許如「塞翁失馬」，還會帶來一個「焉知非福」的意外收穫。

我覺得「失馬心情」，會像一盞明燈，指引著我們從危險狹谷中步向坦途，使我們得到新生、新希望。

我也因此於四月春日午後，能以寧靜的心情，記下了我此刻坦蕩無波的心語。

82年9月吾愛吾家第一七七期

行腳留痕

旅遊參觀
增進見聞
有益身心

一次愉快的冒險之旅

太平山原是本省三大林場之一，在結束生產作業後，留下的索道，台車與集材機等當時林場時代的風物遺跡，配合區內的青山翠谷、幽美的翠峰湖——全省最美最大的高山湖泊及天然的地熱溫泉與一切自然景觀，規劃成別具風格的太平山森林遊樂區。可觀賞原始森林風貌與高山湖泊美景之外，更可觀雲海、看日出、賞雪景，聽瀑布與鳥語、聞花香，走棧道、坐蹦蹦車，或泛舟，作森林浴，是避暑、賞景與探索大自然的度假勝地。

有關太平山的景觀，幾乎已是儘人皆知，而我也已耳聞很久，我深知耳聞不如目睹，所以總希望能親身去體會與觀賞。可是老是陰錯陽差，多次失去遊覽觀賞的機會。

最近的一次是在前年冬天同學聚餐時決定於次年（即去年八十年）二月間農曆春節時去暢遊太平山，那時我就毫不思索的即時登記，而後我便期盼等待著，可是遊客多，訂不到住宿處，說要延期。而遲遲未獲訊息，我想已榮任總經理、董事長或政府要職的老同學們可能貴人多忘，早就把携眷與同學同遊勝景之事遺忘了，所以我也就把太平山之旅拋諸腦後。忽然有一天，陽光亮麗的三月天，我接到了同學的電話，說已訂妥於下週六、日去太平山作二日遊，然而，那兩天我早已有約，無法更改，因此，我又非常遺憾失去了旅遊的良機。

而今年二月下旬的太平山之旅，全是出於意料之外，已下了二十來天的濛濛細雨，竟久雨初晴，陽光尤覺璀璨可愛，使得在旅遊出發前夕，整夜未能闔眼入睡的我，居然能平安而快樂地完成了期盼已久的太平山之旅，是一樁險事，也是一件永不忘懷的樂事，以免遺忘，於是以拙筆記述於後。

在陰雨綿綿的二月中旬，接獲省農林廳林務局來函，爲慶祝民國八十一年植樹節舉辦綠化月活動，訂於本（二）月廿五、廿六日舉辦「文藝作家森林之旅」——參觀太平山森林遊樂區二日遊活動，請撥冗參加，人員有蔡文甫先生等二十名。這正是我嚮往已久的太平山之旅，且與文藝界人士同遊，我欣喜異常。雖然氣象預測近日仍是陰雨天氣，可能要在二十四日以後會放晴，所以我一直祈望著晴朗的日子。果然在二十四日清晨，陽光推開了烏雲，自天際露出了笑靨，我對於廿五、廿六日的晴朗天氣更有了無比的信心。但是我依然遵行林務局在行程表上的附註：「請穿便鞋，並備帶禦寒衣物。太平山區海拔約一、八〇〇公尺」。

所以我在臨行前夕整理携帶穿著衣物、襯衣、毛衣、禦寒的外衣、便鞋、雨傘等等，冷熱晴雨，一應俱全。一切準備妥當後，我就像往日一樣就寢，可是精神奇佳，雖然在前些日子我曾感冒咳嗽，後又患過中耳炎，但都已痊癒。不過，我卻想到在高山上萬一病了，咳嗽、耳朵痛了，怎麼辦？於是我就起來把剩除的藥放入了旅行袋。我想，現已萬無一失，應該好好地睡一覺。可是不知怎的，睡意全無，清醒得睡神不敢接近，已到了次晨三時，我仍然尚未入睡，我有點著急，怕鬧鐘六時吵鬧，故撥遲一小時，至七時鬧鐘鈴響，還可以睡四小時，並留了張字條給外子，要他在七時我若沒起床一定要叫醒我，我想即時梳洗，一定能及時趕到杭州南路林務局大廳集合。所以我又上床睡了，然而，我仍然睡不著，時間飛逝，已到了七時，頭腦有些發脹，但沒有別的不舒服，於是我鼓起勇氣起床梳洗，我想，我可以利用坐在遊覽車上的時間打盹以補充不足的睡眠，萬一下車步行觀賞，我若走不動，也就留在車裡。作此最壞的打算，於是我提起行囊外出，外子卻不放心，要陪我去林務局，怕我萬一在計程車內睡著，我好感激他。

那天清晨，交通並不順暢，然而我還是在預定集合時間之前到達，那時只有到得最早的楊明在座，後來蔡文甫先生、小民、蓉子、楊小雲、李宜涯、季季、江兒與康芸薇等諸文友也陸續來到，爲了等數位遲遲未到的文友，故遊覽車延遲至九時以後出發，太平山在羅東，我們去時走山線，經九曲十八拐的北宜公路，一路上，我入睡的時間居多，也不知道領隊林務局白副局長、陳專門委員與蔡文甫團長等說了什麼話，或誰暈車了，我都一概不知。但我知道跟太夥兒一起在林務局羅東林區管理處午餐。餐畢後，又上路向仁澤溫泉出發。我又在車中昏昏沉沉，打了一個盹。而後跟著參觀仁澤溫泉與清水地熱發電。

到達太平山遊樂區時已是晚餐時刻，這一路上的美景，在我眼前忽隱忽現，似夢似眞的飛逝而過。除了仍有昏昏欲睡的感覺之外，沒有一絲不適的情況，我爲此慶幸。晚餐後領隊宣佈，遊樂區內有卡拉**OK**的設施，請大家參加同樂。我對卡拉**OK**沒有多大興趣，最主要的是沒精神，正巧我的室友楊明也累，所以晚餐後，我們便回房休息，看看電視，不到九點鐘便上床睡了。因睡得太早，夜半醒來，所幸不久，便又入睡。

次晨六時半，小民姊來叫門，我們才起來。於是我們數人先在公園漫步，看雲海，在森林裡盡情地作著深呼吸，使人清新忘俗，但到了早餐時間。我們便去餐廳，早餐完畢。於是依照日程，大夥兒參觀太平山原始森林公園，與坐蹦蹦車瀏覽整個森林風貌。我也跟隨著大家一步步地上山，走過柳衫林，檜木人工林，白木林，見到了東亞第一大樹——紅檜。各種林間體能有氧活動設施，而我竟也爬到了太平山原始森林公園最高頂的鄭成功廟。所有太平山的景觀，除了湖面二十五公頃的翠峰湖，因二日遊時間不夠，未能親臨觀賞之外，其他的都見到，也走到，甚至在仁澤溫泉煮蛋亭，用溫泉煮熟的蛋我也吃到了。一切的山林風光不但儘收眼簾，而且也攝入相片，我的傻瓜相機也居然拍出了我認爲很滿意的美景。尤其今天收到林務局公關組寄來的照片，那更是「人在圖畫中」，看了好樂，此行留住了最美的大自然景色，冒險而去，但不虛此行。

完成此次愉悅的，令人耳目清新的綠色森林之旅，當然先要感謝林務局局長及一切有關人士的妥爲安排，此外，更該歸功於天時、地利與人和。老天幫忙，拉開了蔚藍色的天幕，放射出和煦的陽光，蒼翠的山林更富生機，欣欣向榮，使一群寫作者與繪畫者內心平和而又活躍與喜悅，更愛這世界與人類，同時也使我在旅途中不落人後，走完全程，證實我的體力還不錯而自傲。

不過，以後若是在徹夜未眠的情況下，我將不敢再作如此冒險之舉。這次是僥倖，畢竟能在天時、地利、人和的配合，如有神助般的機遇不多。

這是人生難得的一次奇遇，一次冒險之舉，一次愉悅的翠綠、清新之旅！可愛的綠色，令人心曠神怡，也永遠留駐在腦海！

81年3月12日臺灣日報

三代蜜月旅

蜜月，是人間最甜美的時光，當兩位相悅的男女步上紅毯之後，卿卿我我的以蜜月之旅開始了蜜月期，也從此携手共同步上了人生的旅程。此後的路途，是甘是苦？是喜樂？是悲憂？不得而知，祇有當事人步步爲營，小心謹愼，相互扶持的走著，大致是苦樂參半，憂喜共嘗。

三十五年前，當我結婚時，剛大學畢業，他是陸軍少校，待遇菲薄，又無積蓄，不但不能作長程的蜜月之旅，就是臺北近郊也無能力去遊覽，而且我剛進入一個新機構工作——國立中央圖書館在臺復館——人手不夠，在主管的希求與我主動的意願，縮短了婚假提前上班。此後，每天便是在公文、圖書與柴米油鹽之間打轉，有了孩子以後，更是奶瓶與尿布齊飛。經濟問題之外，又加上缺乏閒暇，當然更無蜜月之旅的情趣。

自從政府改善公務人員待遇，也開放了國外觀光，可是愚夫婦之間構想常是南轅北轍，無法共同旅遊。倏忽之間，時光流逝，一兒一女大學畢業繼而分別在歐美深造，女兒且在美國結婚，已有一個一歲的女兒小婷婷。

今年九月，愚夫婦赴美探望女兒，我很想去華盛頓與紐約一遊，外子也很想舊地重遊（四十五年前，他任助理武官時在華府二年半，二十年前，任國防部連絡局組長時隨同局長訪美，也曾應邀訪華府並遊覽紐約等大都市）女兒也想與我們同遊，且女婿有兩週的休假，因而我們大致安排了旅遊行程如下：

九月廿一日愚夫婦自臺北飛抵密蘇里州的聖路易女兒女婿家，因女婿建勳九月底要完成一個工作計劃，所以我們預定在十月七日開始我們十一天的美東旅遊行程——先坐飛機至賓州費城，住在建勳的二姊瑜玲家，而後租車自由遊覽觀光，先遊費城附近的博物館與名勝古蹟，然後開車至華盛頓，預訂華府近郊的假日旅館，擬在華府三日二夜，最後遊紐約，因女兒周密擔任文字工作。

想順道去訪問住在紐澤西的名作家琦君女士，十八日自費城飛返聖路易。

周密與黃建勳是在二年前的十月三日結婚，他們結婚時也因經濟與其他問題，未作蜜月旅行，外子與我是在三十五年前的十月二十四日結婚，因同在十月，且帶著小外孫女，這次難得的旅遊，我名之爲「三代蜜月旅」，雖然預定了行程，可是帶了幼兒旅遊與若干巧遇，使我們臨時起意，重作安排，勞累之外，但也有意外的驚與喜。

我們一行，三代五人於十月七日晨乘車至聖路易機場，搭機飛抵費城，是下午二時半，二姊瑜玲與夫婿林少堅來接我們到他們家中，稍事休息，晚餐由少堅夫婦招待我們在「長城餐廳」吃中餐，非常精緻美味。

「逛賭城與被報警」

次日，我們擬按照行程遊費城博物館，建勳的母親、二姊、八歲的外甥女君怡和一歲半的外甥克文與我們同遊。出發時建勳的二姊夫送大家上車，囑咐建勳小心駕駛、並祝我們一路平安與旅途愉快。他自己將於午時搭機赴伊利諾州出席一個重要的約會，二日後返回費城，所以我們也祝他如意順遂。

當我們赴博物館途中，經過中國城，因是十月八日，時近雙十國慶，正舉行舞龍，所以街上擠滿了人群，車輛不能前行，孩子們也愛看熱鬧，於是大家下車，看熱鬧之外並攝影留念。更在費城華埠的「瓊華樓」飲茶午餐。後因遊行改道，一時無法開往博物館，親家母發覺我們正身處在大西洋城的途中。大西洋賭城也是名聞遐邇，不亞於拉斯維加斯，於是大家一致通過，去赴大西洋城一遊。建勳開車約一小時半，我們便抵達了賭城。

小婷婷怕生，怕坐電梯，哭鬧得很兇。但當我們晚餐時，她卻與鄰桌的洋小朋友逗笑而情緒轉好。可是賭場內孩子是不能進去的，我們爲了照顧三個孩子，所以輪流進賭場去見識一番。除了外子作壁上觀，我們大家都玩了吃角子老虎，有輸有贏，但最後大家都輸。

建勳第一次來賭城，路況不熟，走了些冤枉路才走向費城的公路，我們返回費城已是深夜一時半。車剛停妥，鄰居驚慌地過來跟二姊說，大家都好嗎？因二姊夫自伊州打電話回家，因家中沒人接電話，以爲在赴博物館途中發生了意外，所以他報了警，並向鄰居探詢。因此，二姊即刻打電話到伊州夫婿下塌的旅館，述說經過與現已平安回家。

我想，當時二姊夫的憂心忡忡是可想而知的，我們也深以爲憾。也幸而大家平安，更體驗到「平安就是福」的眞諦。

「參加國慶酒會與遊雙橡園」

到達華盛頓郊區假日旅館時，是十月十日下午三時半，在華府美國之音工作的邵定康學長要我們與他一起參加北美事務協調會在凱悅大飯店舉行的國慶酒會。但一路上因小婷婷吵鬧，周密很累，她本想在旅館休息，而定康學長來電話，約定在五時半至六時之間在飯店大門口等候會面，小孩子不能參加，親家母自願照顧小婷婷，鼓勵大家都去，而建勳因長途開車也很累，爲了安全起見，我們叫了計程車，風塵僕僕的又趕向酒會。丁代表懋時與夫人盛情接待各界來賓，是日有三千六百餘人參加，我們怕小婷婷吵鬧，不敢久留，便提早告辭了。

丁夫人史美暢女士因與我的同事辜瑞蘭是臺大歷史系的同班同學，我們早已相識，所以美暢學姐邀我們於十二日中午在協調會辦公大樓對街的鑽石樓午餐，由於女兒的詢問可否參觀雙橡園，蒙丁夫人的慨允，使我們大家得有機會參觀歷史名園，眞是喜出望外。

本來女兒想要訪問丁代表，但因丁代表公務繁忙，分身乏術，因而女兒想另寫一篇丁夫人訪問記，可是美暢女士也婉拒，她說她是平凡的家庭主婦，全心全意的在照顧家庭與子女。然而，丁夫人有語言天才。她是湖南人，但能講道地的廣東話，而且外國語中，除流利的英語外，還會法語等其他國家語言。因爲丁代表任北美事務協調會現職之前，曾任外交部部長，並出使過歐美非與東北亞等許多國家。故丁夫人見多識廣，在她的言談之間表露了她的不凡。由此也看到了一位有成就的男士，在自身的能力之外，還是需要有力的後援──賢內助。使他無後顧之憂，纔能努力直前，發揮長才爲國宣勞。

美暢女士還畫國畫，可是她從沒舉行過畫展，她就是一位傳統的中國女性，有才有德而不願展現，而僅作著後援，眞是一位了不起的人物，功在家國！

周密因不能寫丁代表或丁夫人訪問記而有些失望。不過，丁夫人答應以後會提供多位不凡的我國駐外使館的夫人的事蹟與名單，好讓她去採訪撰寫。周密還是很高興，而她因有幼兒要照顧，且雜務纏身，那一日能完成，恐需相當時日，但希望她能「有志竟成」。

紐約途中與平安返家

由於時間的關係，我們在紐約匆匆一瞥，在自由女神像公園轉了一下，攝影留念，而後繞市區一週。但次日我們以一整天的時間參觀了大都會博物館，那時正舉行由大陸運來的「紫禁城明清畫特展」，還看到世界各國的文物展覽，以及見到我國的許多流失在外的歷史文物，眞是大開眼界，也不勝感慨。

當我們自紐約赴紐澤西途中，見到了一輛起火焚燒的汽車，幸好我們是在旁邊的車道疾駛而過，不然不知是否會波及？想想餘悸猶存。到了旅館之後，建勳的妹妹蓓莉與夫婿請我們吃披薩。等到吃好，天已全黑。在紐澤西住了一夜，我們再回到費城。我們總算完成了參觀費城博物館的心願，還參觀了杜邦花園和博物館、荷蘭村與Armish博物館等等。於原訂日期平安回到了聖路易，完成了三代蜜月旅。

那次難得的旅遊，美其名爲「三代蜜月旅」，畢竟時空有異，人物增添，當然也不再是卿卿吾吾的蜜月之旅，逝者不可追！

而如今，回想起來，那還是一段美好的時光。

78、12、25青年日報

大拱門下的博物館

女兒在美國結婚後，居住在密蘇里州的聖路易，所以我們去探望時總要遊覽聖路易四周的名勝古蹟與參觀博物館、動物園、植物園、保持法國移民色彩的歷史小鎮傑尼維與坐遊輪遊密西四比河等等。

而我對大拱門印象最爲深刻，所以我首先寫下一篇「大拱門下的博物館」，於兒童的雜誌上發表，現抄錄於後：

它像是高掛在天際的彩虹
又像是從地上築起的天橋
更像是一個大拱門
位於美國中部密蘇里州聖路易的
密西西比河畔
是美國最高的國立紀念館

高達六百三十英呎
這個高大的拱門是聖路易的表徵
由美國東部通往西部的大門
而且也是國立傑佛遜紀念館的中心特徵

旅客遊憩中心和美國向西發展的博物館
正位於這個拱門的基地上
旅客們可以乘坐電梯直上拱門頂點
居高臨下的眺望聖路易市美景
也可以盡情欣賞這個
特殊的博物館

它是在告訴大家一個令人著迷的
美國西部拓荒的故事
融藝術、照片與實物於一爐
因而陳列圖片幻燈片與文字說明之外
還有鋪著乾草的房舍

像是建築在沒有樹木的原野裡
有野牛
代表著在遼闊的草原上成群結隊的野獸
馬與蓬車
這表示以前在西部的主要交通運輸工具
灰色熊
以前常傷害旅人與拓荒者
而如如今已近乎絕跡

那兒更有專人講解向西部拓荒的人與事
觀眾旅客們都圍繞著的靜聽
像是學生在上課一般
在那兒可以增進我們的見聞
包含歷史文化教育娛樂與藝能
啊這眞是一個奇特可愛
而好好玩的地方

六旗小遊大後患

旅遊是人生一樂，大多數人都愛旅遊，我也不例外。近年來，政府開放出國觀光，我曾參加旅遊觀光團赴歐洲與亞洲諸國，由於女兒周密在美國求學、結婚，我也曾三次赴美探視，順便觀光旅遊，遊覽過很多名勝古蹟與大景觀，留下美好的回憶。然而，今夏聖路易六旗小遊，卻留下意想不到的後患。

今年本來我不打算赴美的。因爲我早已決定八月下旬要隨文友合唱團赴北京，而後遊西安、杭州等大陸名勝古蹟。可是由於女兒的一通電話，她說：「六月八、九日（星期六、日）美國中西區華人學術研討會，我要去採訪（女兒任世界日報駐密蘇里州記者），而建勳也要出席研討會，他應建築組召集人凌玖的邀約在會中講『電腦輔助建築設計』，孩子一時找不到合適的人照顧。而且建勳決定於六月二十日要與他母親回廣州探望九十歲的祖父，是祖孫第一次見面，而後在大陸旅遊兩星期。我因婷婷幼小，帶著不便，決定不去大陸。您們能不能在六、七月間來美國一趟？先幫我的忙，而後我帶您們在聖路易近郊玩。最好能多住些日子。」

助人爲快樂之本，何況是女兒需要我們幫助，所以外子與我決定於五月三十一日自臺北飛赴美國聖路易，七月中旬回來，稍事休息後，我仍然依預定計畫赴北京。

我們到達時，美國聖路易時間仍是五月三十一日，是晚上九時半。次日（六月一日）是建勳工作的建築公司一年一度的旅遊活動，他們也已爲我們安排參加這項活動。然而女兒關切的問：「累不累？明天能不能參加？」我們都說不累。女兒又說：「明天是去六旗遊樂園，很像狄斯奈樂園，有各種玩樂設施，假如到時候累了，也可以坐坐休息。」反正我們是湊興與他們同樂，遊園、散步或坐下閒談都好。

那晚我睡意全無，直到凌晨三、四點鐘還未入睡，我擔心不能去六旗遊樂園。幸而後來迷迷糊糊睡了一會兒，醒來已是清晨八點，覺得精神還不錯，梳洗早餐畢，便即刻出發。

六旗（Six Flags）遊樂園在聖路易市郊，我們車程約半小時餘便到六旗停車場。自停車場遙遠望去有六面巨大的旗子臨風飄揚。當天豔陽高照，我習慣的撐著陽傘，但是環顧四周沒有一個人撐傘。建勳說：「美國人都喜愛陽光。」我也隨俗而收了傘，倒也不覺得熱。步行了約十餘分鐘也就到了六旗遊樂園的大門。那天正是成立三十週年慶，遊人如織。公司已包下一隅的野宴區，憑券報到，工作人員爲孩子套上彩色花環，坐在手推車裡的小婷婷十分興奮，我們也隨著她高興。

午餐完畢後自由活動，刺激的玩樂設施大家都不想玩，婷婷愛坐小火車，我們便都坐小火車繞園林一周。那時我很疲倦，想午睡，卻又多繞了三周才下車。後來我們在園中走走坐坐，看女兒、女婿帶小婷婷坐搖椅與小汽車，忽然天空烏雲密布，似有陣雨的預兆，下午四點左右我們就離園，還好沒有遇到陣雨。

第二天我頭痛，想是晒了太陽中暑，覺得全身倦怠無力，晚上便提早上床休息。外子在臺北時似有感冒現象。當晚咳嗽很兇，然而他認為是小事，不以為意。後來我也有感冒現象，我知道女兒女婿都忙，不想使他們操心，也就不提。

六月八日是女兒、女婿的大日子，他倆一早便出門了。我因咳嗽喉痛，晚上睡不好，但是振作起精神假裝沒事，好讓他們放心外出。幸好小婷婷不哭鬧，我可躺在沙發上假寐。第二天也是一樣。那兩天在他們是忙碌，而我是痛苦。第三天女兒本該在家寫稿，而外子與我咳嗽聲此起彼落，一直不停，女兒堅持先要陪我們去看醫生。醫生斷定我患喉頭炎與氣管炎，開了藥方，並先贈送兩種新藥給我服用，五天後若不癒再去配藥。為外子也開了藥方，他的藥必須去藥房購買。我們兩人門診費是美金八十元，加上藥錢，竟花了一百多美元。一直聽說在美國病不得，醫藥費高昂，我們眞是領教到了。

我服了藥，依然咳嗽，尤其晚上更嚴重，不能入睡，在床上胡思亂想，我吃的藥是新產品，無異是在為藥廠作試驗品。我又聯想到多位親友曾忽視感冒，延誤治療而轉為肺炎、癌症或其他併發症，以致藥石罔效。當時自己覺得似乎已經病入膏肓。按時服藥，拖了三個多星期稍稍好轉。小病初癒，也不想外出，只隨女兒、外孫女在附近購物中心與動物園走走，不久便已屆返臺之日。回到家，感冒與氣管炎又復發，等到痊癒，已是文友合唱團飛離臺北的日子，我只好去機場送行，眼看他們快樂的離開。現在她們已載譽歸來，我失去了這次去北京的機會，很覺可惜。

現在回想起來，完全起因於那六旗小遊。我不該在長途飛行且又睡眠不足的情況下，在驕陽下曝晒。這該歸咎於自己的疏忽與逞強。

旅遊本是樂事，但是必須因時、因地、因自己的體能而定，一切都勉強不得，尤其心胸要放寬，否則隨著而來的痛苦後患，那種似臨末日的滋味眞不好受！

81年11月8日國語日報

南糖之旅

——蘭花與臺糖蝴蝶蘭

我們一行二十人是由中國婦女寫作協會總幹事邱七七女士率領的「南糖之旅」，參觀臺南的臺糖試驗所與新營臺糖總廠及臺糖各種設施和產品。臺糖公司原以產糖和農業技術研究知名的國營事業。臺糖所產的蔗糖享譽國際。因產品行銷方面由於現今社會消費型態轉變，故目前在種植甘蔗與製糖之外也積極開拓糖業以外產品的發展，養蘭便是臺糖衆多開拓目標中的一種。

臺糖試驗所是臺糖公司的研究機構，所負的任務很多，如培育甘蔗新品種以提高產糖量，改進製糖方法使提高製糖效率，研究副產利用以開發新產品，發展多角經營與研究成果提供糖廠及蔗農應用等，爲了因應臺糖公司發展多角經營之需要，故在民國七十七年四月該所增設園藝系，以從事臺灣蝴蝶蘭及觀賞植物研究。於是先在臺東等山區收集已很難覓得的蝴蝶蘭品種，利用分生繁殖，以延續臺灣蝴蝶蘭的命脈。

同時也搜集國內外優良花卉品種，利用組織培養技術繁殖種源，並進一步利用臺灣蝴蝶蘭抗病性，易栽培、花期長及多花等特性，以雜交大量培育種苗，選育花形優美，花質好而又耐久，便於儲運，且花期不同的品系，以達到進行企業化的大量育苗，使得成本降低。

經過三年來的研究與發展，進行育種改良，病蟲害防治，企業化栽培技術，保鮮及包裝等方面的改進，已獲得國內外客戶的一致好評。臺糖研究所並編有中、日與英文對照的蘭花與觀賞植物的專刊，分別刊載臺糖蝴蝶蘭的品種及各種觀賞植物育苗等的說明文字與彩色圖片、印刷精美，以供各界人士參閱或選購之用。

臺糖蝴蝶蘭已在海外建立起外銷市場，同時現在也在輔導臺灣花農從事企業化栽培。如此長期發展下去，也許我們臺灣寶島將來在國際間能博得「花卉王國」的稱譽，或者也許有朝一日「臺灣蝴蝶蘭」被改稱為「臺糖蝴蝶蘭」呢。

那天我們參觀臺糖研究所各項研究成果與臺糖總廠製糖過程與各種產品之外，次日還遊覽座落在新營的尖山埤水庫風景區，為了便於辨識，臺糖公司為我們每人別上一朵雅致可愛的蝴蝶蘭，我們成了與衆不同的遊客。這使我想起在許多會議場合，貴賓們在衣襟上的蝴蝶蘭，可不知是否也是向臺糖公司訂購的「臺糖蝴蝶蘭」？

自古以來，蘭花已被公認為是花卉裡最名貴、高雅的花，故以「王者之香」來稱譽。且以蘭花與梅花、竹子及菊花並列，合稱而為花中四君子。也有若干國家以蘭花為國花的，如巴西、哥倫比亞與新加坡等。

蘭花多采多姿，品種繁多，從酷寒的北極圈到燠熱的熱帶地區，從平坦的原野到峻峭的高山，都會生長各種蘭科植物，即使沙漠地區也有蘭花出現，祇是很稀少。

自然生長的蘭花約有三萬到三萬五千種，人工交配的也有三萬二千種以上。據說品種每年還在增加中。我國原產的蘭花，大都是小花種的喜姆比蘭，如素心蘭、春蘭與報歲蘭等，分布在四川、雲南、浙江、福建、廣東、廣西與臺灣等地，這些蘭花的花朵小，花色並不鮮艷，但芳香撲鼻，葉片細長，姿態幽雅。因而得到文人雅士的激賞。

小花種的喜姆比蘭的種類很多，在我國又發現得早，所以這種蘭花被稱爲「中國蘭」、「蘭蕙」或「國蘭」。西方所產的蘭花，大都有鮮艷大瓣的花朵，以嘉德麗亞蘭爲代表，這類蘭花稱爲「西洋蘭」或「洋蘭」。這種以國蘭與洋蘭之分是通俗的用法，並沒有植物學上的根據。

臺灣原產的蘭花，有小花種喜姆比蘭、白鶴蘭、臺灣蝴蝶蘭、一葉蘭、連翹根節蘭等，約有三百七十種。蝴蝶蘭的花形像蝴蝶，有白色、粉紅、深紅、淡紫等不同的顏色，從春天到秋季都開花，大都生長在亞洲熱帶地區。

臺灣蝴蝶蘭曾於民國四十一年及四十二年連續獲得在美國加州舉行的國際花展冠軍，獲得金像獎兩座。民國四十五年在法國舉行第三屆國際花卉展覽會也獲得金質獎牌一座，此株參展的蝴蝶蘭竟開了三百朵花，中外人士都歎爲觀止，也因此而使臺灣蝴蝶蘭身價百倍，愛蘭人士也日益增多，在各方的採集下，以致使得野生的臺灣蝴蝶蘭日漸減少。

如今野生的蝴蝶蘭已很難在臺灣山區發現，所以有心的愛蘭人士都紛紛起而積極推行培養，但都屬於個人的雅好，規模不大。而我於去（八十）年底一次南糖旅遊中見到了以企業化經營的蘭花事業，品種繁多，而尤多臺灣蝴蝶蘭，花朵特大，色彩美麗，眞可說五彩繽紛，令人眼花撩亂，美不勝收，更使人心曠神怡。

81年11月20日臺灣新生報

赴美途中遇雷暴雨

一九九三年，全世界各地都在鬧地震、海嘯、水災，如日本北海道、印度、美國中西部等等，我們都可在新聞傳播媒體上看到各地災情的報導。

就在那年的七月九日，丈夫和我在桃園中正機場搭機赴美探親，那次我們坐的是西北航空公司的班機，先飛至日本東京。飛越太平洋，經阿拉斯加上空，而後到達美國底特律機場時，一路飛行平穩，沒有遇到亂流，是一次愉悅之旅，在底特律再轉機一次，就可到達目的地——密蘇里州的聖路易。

我們在底特律經過美國入境通關手續，便按照登機證上所載，找到了轉機的登機門，但距離登機飛行的時間還很長，於是我們便在候機室找了位子，靜靜地坐著等候。

我拿出放在隨身旅行袋內的一本書，李哲修神父著的「美，就是心中有愛」閱讀著，丈夫早已看完了從家裡帶出來的報紙，他雖也帶了書，但他此刻不想看，便四處走走。

我看完了書中的一篇「一個現代中國知識份子的心靈之旅」，又看另一篇「伯利恆的鐘聲」，看完後，丈夫還不回來，我覺得好累，於是伸伸懶腰，過了一會他走回座位時，正播報著：「去聖路易的旅客開始登機，請攜有小孩的旅客與年長者到F16號登機門，……」

於是我們也就走向指定登機門的隊伍，依序登機。當全部旅客都坐定之後，飛機在跑道上滑行著，這表示飛機即將起飛。因爲我累，便閉目養神，竟也迷迷糊糊的進入夢境，似乎走到了「伯利恆的鐘聲」一文中的「結實纍纍的葡萄園」中，仔細觀賞著一串串的葡萄。在耳際也似乎響起了遙遠的伯利恆鐘聲，在那鐘聲之外，似乎也聽到有人在說話。當我睜開眼睛，發現自己是在飛機上，是機長在報告，因是英語，不完全明瞭，我以爲已經到了聖路易。

而丈夫說，還沒起飛呢，我不解地問爲什麼？同時望著機艙的小窗，見到外面一片陰暗，有微弱的燈光，該是黃昏時分吧！我想，剛才飛機已在跑道上滑行，準備起飛，我已一覺睡醒，飛機居然還在原地不動。

原來我們的目的地氣流不穩定，且中西部上空有強大的雷暴雨，爲了安全起見，暫時停飛，那時機長大聲的報告，我以爲是在說可以起飛，然而卻是相反，是在說請大家耐心等待，爲了安全起見，現在還不能起飛，可能要改道飛航，避開雷暴雨區。到底如何決定，等一下再報告，現在假如不想坐在飛機上等，也可以出去走走。

那時，我好緊張，沒有力氣走動，仍坐在座位上，丈夫也不想動，不停地望著窗外。有的旅客走出飛機，留在機上的旅客開始竊竊私語，大半都在談論著天氣，有的說今年天氣好怪，美國中西部雷暴雨特多，普通雷雨也幾乎每天都有，許多州已在鬧水災。而美國東部奇熱，熱得令人難以忍受！也有人中暑，甚至熱死的。

我又自小窗望著遠方，那漆黑的天空忽然出現了一道紅光，自上而下，把籠罩著大地的黑色天幕劈分成兩半，接著傳來震耳欲聾的雷聲，我害怕得驚叫了起來。

然後隆隆的雷聲，自遠方翻滾過來，愈來愈近，就像在自己的頭頂上迴旋，而又漸漸飛越而過。如此電光雷聲不停地在天際交戰著，我擔心聖路易就是位於美國的中西部，即使選擇了別的航道，但是飛機如何能平安降落呢？

我又想到在離臺赴美之前，自傳播媒體上聽到也看到過美國中西部雷雨及各地淹水的災情，如今選擇這個時候來到美國，眞有點後悔，認爲是「智者千慮必有一失」！這怎麼辦呢？萬一降落時遭雷擊，不就一命嗚呼，什麼都完了？

那時又是轟然的巨響在天際翻滾，接著是傾盆大雨，可能也夾雜著冰雹，叮叮咚咚的打在機身上，再滾滾落到地面，眞像是大珠小珠落玉盤，但那些聲響令我心慌，過了一會，機長又報告：

「各位旅客！很抱歉，我們目前不能起飛，因爲雷暴雨太大了，爲了安全起見，等這陣雷暴雨過後再說，請各位再耐心的等待。」

旅客們鴉雀無聲，沒有一個人再說話，大家都在期待著雨過天青。我是天主教友，從皮包裡取出玫瑰經念珠，默默地唸完了「痛苦五端」，並希望祈求著雷暴雨快快停止。可是豪雨卻愈下愈大，閃電雷聲大作。我繼又唸著玫瑰經的「榮福五端」。心想，暴雨總會過去，於是又耐心地唸著「歡喜五端」。當十五端玫瑰經唸完時，雨勢漸小，但遠方的閃電仍然在黑暗的天幕閃爍飛行，雷聲也不斷地自四面八方傳來。可能雷暴雨已轉移陣地。我想，飛機一定就要起飛，但是萬一在途中遇到雷電怎麼辦？機長又報告了：「各位旅客，很抱歉，目前我們還不能飛行，爲了大家的安全，我們還得再等一下，請大家再耐心的等待。」

等待，再等待，沒有人出一句怨言，已是等了六十分鐘。雖然這是短短的一個小時，可是在那種令人坐立不安的情狀下，卻有度日如年的感覺，而且會有「有沒有明天？」的憂慮，眞是憂心忡忡，像是「世界末日」即將來臨呢！但總算盼到了那將起飛的訊息，於是所有旅客繫上安全帶。

飛機升空，也飛到了聖路易上空，機長報告了聖路易的天氣與氣溫。空中小姐報告著要旅客繫上安全帶準備降落，許多旅客在吱喳低語，也有旅客在探頭望著窗外，飛機居然降落在聖路易機場的跑道，在慢慢地滑行著，機艙內「旅客請繫安全帶」的紅燈仍然亮著，那時好安靜，靜得令人訝異心慌，當紅燈熄滅，表示飛機已平安著陸。那時，忽然掌聲響起，接著掌聲不斷，而更有人歡呼。

丈夫與我面面相覷，不知掌聲爲何而來，但從歡呼聲中，想起了剛才在底特律機場，爲了雷暴雨，機場關閉了將近兩個小時，如臨生死關頭，以恐懼、緊張的心情苦苦地等候，如今平安到達目的地。怎不令人歡欣？所以我也熱烈地鼓掌，當我提起隨身旅行袋準備下飛機時，才發覺到自己的手掌有點痛，非常紅。

我們似一群脫險歸來的英雄，歡欣替代了一切！

在聖路易機場出境時，即刻發現了在探頭張望，似曾緊張不安，而如今面帶笑容的女兒女婿，女兒看了看手錶，拉著女婿的手快步走來。在這個時空裡，相見是最眞實的。也就是他們所期盼的目的，時間也已不在乎，他們歡欣地叫著：「爸媽，你們的飛機終於到了。」

「剛才這兒是在狂風暴雨中嗎？」我問。

「沒，一直沒有下雨，是個美好的大晴天。」女兒說。我看看馬路是乾的，我想果然沒有下過雨，那麼剛才的暴雨區在那兒呢？也無法追究，坐上他們的車，由女婿駕駛。大家都已歸心似箭，一溜煙的到了家，等到休息睡覺，已過了午夜。

次日，從傳播媒體得知，昨日的雷暴雨區是在鄰近聖路易的堪薩斯，若干的低窪地區街道與住宅都遭了殃，水深及腰，損失慘重，幸好未釀出人命。我望著電視螢幕上一片汪洋，陸地行舟的淒苦鏡頭，並有許多的義工在堆置沙袋，以免密西西比河上游的河水，急流湧下泛濫，而造成再一次的災害，我想：

人世間的事，誰能預料，眞是幾家歡樂幾家愁！我也衷心祈望，願今以後不再遇到恐怖的雷暴雨！而更感激機長的處理得當，保障了所有旅客寶貴的生命與財物，使大家享有著充份的安全。

如今，回想起那次經歷還心有餘悸，若換了別的航空公司，或是另一位機長，不知是如何處理？算我們幸運，得人助，也獲天助，使我們享有平安，除了感恩之外，別無二話可說。

鴨子聽雷與上架

我非記者，但喜愛寫作，近年來才加入世界女記者與作家協會中華民國分會，而成爲分會會員的一份子。

我愛湊熱鬧。喜愛出席會議與聆聽講演，但常因特殊事故或因病不克參與，而今年我卻在跌斷大腿骨一年後，仍帶著一拐一拐行動不便的後遺症情狀下參與了由中華民國分會主辦的第十三屆年會。

這是難得的盛會，有來自世界各地約有十七個國家地區八十餘位外賓會員與國內會員出席，盛況空前。大會於十一月十九日在環亞飯店舉行，由總會高會長惠宇與分會蘇理事長玉珍主持，先後致詞。而後連夫人方瑀女士以地主國作者之一的身份蒞會致詞，她的講題是「天涯若比鄰」，先用中文，而後親自再以英文講一遍，因出席會員外賓占了半數以上，故會議議程也全以英語進行。我的英文不好，猶如鴨子聽雷，但是最忠實的聽衆，作了兩天全勤的乖學生。

第二天中午，中國電視公司招待全體與會會員午餐，並參觀中視攝影棚。下午二時便又坐遊覽車要回到大會會場。在乘車時遇到一位韓國籍會員，她向我微笑，我也禮貌地以點頭微笑爲答。這是全世界人與人之間共同的語言與溝通方式。上了車，她又與我毗鄰而坐，本來我是與夏龢姐一起的，她因與一位外賓聊了起來，在我之後上車。

因此，在我鄰座的韓國籍會員就拿出名片自我介紹，正面印著韓文與中文：田常秀 理事，論說主幹與地址電話等項，另一面印著The Kookye Daily News與她的姓名英文譯名，然後她在英文名片上寫了「國際新聞」，她說是在釜山。我因退休之後未曾印名片，只好示以所佩名牌。她說，你們每一位都有英文名字，這次會議上她遇到了許多位叫Betty, Alice……。因我的名牌是Betty Tang Chou，我艱苦地說Chou是我先生的姓，我自己姓Tang，Betty是我在學校時一位外國老師爲了便於記憶就給了我這個名字。平時我都不用它，這次會議報名時要填英文姓名，所以就寫了Betty。

她點點頭，而後又說了：「你們在臺灣的中國女姓眞了不起，都能用流利的英語來主持會議，發表言論，大家都會說英語。」

我逼得沒辦法，鴨子上架，硬著頭皮斷斷續續地說：「她們都是教授與名記者，大半都在歐美國家留學受教育，所以英文流利，在國內受教育的英文就不行了，就像我在國內讀大學、工作，沒機會說英語，所以辭不達意，說不好英語。」她說她能懂，而後她又誇讚我們中國女性的地位與能力都不比男人遜色。因爲午餐時，她聽了中視董事長鄭淑敏的歡迎詞，所以她非常感慨。韓國女性只有少數從事寫作、教書，可沒有當董事長、總經理或財經方面的領導者。

她第一次來臺灣，所以她又誇讚寶島的美麗，說這兒人民的富裕。最後她又肯定地說該爭取提高韓國婦女的地位。不久回到了會場，我們又各就各位，我又與夏龢姐坐在一起。至會議結束，韓國籍會員沒有機會再和我說話，我也沒再遇到與其他外賓交談的機會。為了語言的隔閡，我只能跟會說中國話的馬來西亞與香港等地來的及我們當地會員交談。

在會議研討主題時，外賓都踴躍發言，大半也都在抱怨女性地位的低落。另一位韓國籍會員說，在韓國即使從事文字工作，女性地位也遠不如男姓。一位馬來西亞籍的會員說馬國的女子婚後連自己的姓名也都沒有了。來自佛光山以「觀察員」身份與會的釋滿華法師也提出了男女差異現象。她說她從媒體報導上看到中台禪寺出家事件，被強迫拉回家的多是女性，所以她認為女性連出家的自主權也弱於男性。

不過我也曾於媒體上看到報導，有十四、五歲出家為尼的女孩，因過不慣清苦日子還俗而無一技之長，淪為竊盜或以出賣靈肉為生，這是由於太年輕、學識不夠或父母離異家庭破碎之故。淺見認為，記者與作家們多寫些女性要有善盡母職觀念的報導，自重才會被人尊重的這類文章，要提高女性自身地位必先要充實自己的學識。

我因英語能力薄弱，參與這次會議，不但有口難言，而也只能鴨子聽雷，濫芋充數權作人頭而已。所幸我國各行各業都有傑出女性，她們因有足夠能力，豐富的學識而成為令人崇敬的監察委員、立法委員、董事長、校長、教授、社長、總經理、出版家、導演、電影製作人等等，這全是因爲莊敬自強的結果。這也是我這次鴨子聽雷後的唯一收穫——。

覺察到在臺灣的中國女性地位似乎高出於全世界，身爲中國女性以此爲榮爲傲。

世界女記者與作家協會中華民國分會會訊　第5期85年12月28日出版

悲歡夢境

人生際遇如同夢境
轉瞬即逝
歡樂該把握珍惜
悲痛需堅毅面對

人生小品五則

走過憎恨

在我讀初中的時候，老師曾講人生觀，予我印象深刻：他說人生觀是我們對人生所抱的意見與一個人處世的態度，有人消極悲觀，有的積極樂觀，還有一些人達觀，那必須要等到年歲大了，處世閱歷多了之後，對人生看得透才會達觀。通常年輕人都是積極進取，樂觀的居多。所以他認爲在學生時代是不知愁的年齡，該是最快樂的時光。當時，我曾自問我快樂嗎？不，我一點都不快樂，在我的心中充滿了憎恨，所以我對人生觀在「樂觀、悲觀、達觀」之外，又私自增加了「恨觀」。

那時，因爲中日戰爭我們逃難在上海市，母親難產去世。父親續絃，後來上海淪陷，父親幾爲日本兵逮捕。後來父親與繼母逃離了上海，把我留在上海大姊家。我由小學而進入初中。那個階段我內心很不平衡，我覺得世上沒有人關心我，我恨這個世界，我恨日本人，我恨所有的人，恨繼母，甚至恨父親，恨自己，幸而由於大姊的開導，要我用功讀書，痛苦的恨意漸漸爲書本所替代，自此之後，我的人生中祇有書，其他別無一物。

尤其在高中與初進大學階段，我祇知道讀書，任何消閒活動都不主動參加，覺得浪費了寶貴的時間太可惜，我對週遭的人與事也都漠不關心，我一心要讀好政治，將來從政，爲國爲民作一番轟轟烈烈的事業，甚至還想當女總統呢！我想得很完美，但內心很痛苦。後來由於天主教教義改變了我。大學畢業，我選擇了結婚，我也毅然的走向圖書館事業。工作了三十三年，過著與書爲伍的日子。

我已不恨，也不悲觀，平靜地與家人在人生旅途上前進。同時，我心存謝意，感謝大姊、父母與國家。

82年3月15日聯合報

腿痛不是禍

四年前，我正準備參加文協舉辦的東南亞之旅，在出國前三週我覺得有些腰痠與腿痛，但不以爲意，每天照常上班。然而，有一天我突然不適，腿痛得竟不能舉步。同事陪我去公保急診，我最擔心的是心臟問題，所以請心臟科醫師診治，醫生要我即刻住院，後又經骨科醫師會診後，斷定我患了右側骨盤關節炎與脊椎骨疏鬆，壓著了神經，當時我害怕餘生將會在輪椅上度過，因此情緒十分低落。

朋友說我幸運，沒有在旅途發病，我爲此也慶幸，但每天痛苦地躺在病床上，醫生還要我做運動，在醫護人員的治療與鼓勵下，我忍著痛勉爲其難的稍稍移動，終於可以出院回家休養。在這期間，我悟出了健康的重要，覺得我已在一個機關服務了三十年，我該自工作崗位上退休，以後要爲自己而活。

退休獲准後，朋友勸我參加合唱團以舒展身心，後來又在朋友鼓勵下，我又參加了書法班和國畫班。現在腿病已痊癒，但我仍然有恆地做著醫生規定的運動，我已赴美與赴大陸探親各一次，也隨文友合唱團去金門與菲律賓。偶爾也寫稿在報刊上發表，並爲國語日報寫專欄，已寫了四十餘篇，尚在持續中，當然每天也不忘做家事。

一般人都認爲退休會使人暮氣沉沉，然而，我卻由於家人與好友的鼓勵，活得愉快而自由自在。不過，若沒有那次病痛，我現在一定還每天趕著上下班呢。

感謝上天，讓我腿痛，逼使我失去工作，卻使我獲得了快樂的人生。

82年5月22日聯合報

我能不老嗎？

去區公所辦健保卡，服務台前正簇擁著許多人，我也是其中的一員。有位義工說：「老太太不在那兒排隊，請到這邊來。」我環顧四周，發現全是些年輕的男女與若干位老先生。我意識到我就是被稱謂的那位老太太，不禁黯然神傷。

我外貌真的很蒼老嗎？但我總是覺得自己還很年輕。好像張著待發的船，等著航行去辦事。就如這幀站在家門口照片上的我，正牽著一兒一女準備外出，外子替我們母子三人留下了這個鏡頭。

那時兒子周全四歲，女兒周密二歲。而如今周密的女兒六歲，她的兒子也已兩歲。彈指之間，三十餘年的歲月已經流逝，我還能不老嗎？但是照片上的我永遠年輕不老。

兒子小時候，最怕我們老去。那年外子的老叔逝世，兒子與我們參加喪禮之後，緊抱著外子與我，並說：「爸媽，你們永遠不老！」當時我回答說：「我們不會老，但老了也並不一定就會死去。」兒子滿意的笑了。

如今，即使我的外貌已進入老境，但我的心還不老！可是，兒子，也已將邁入青壯的中年了，我心有些傷痛！

84年3月20日中華日報

少壯能幾時？

玉珍與我是同宿舍隔壁寢室的同學，她讀外文系，我讀法律系，但由於她與我的同班同學貞儀同寢室，而我寢室中的同學除了雅文、汝逑與德訓（商學系）外，其他的全是外文系。因此我們兩寢室的同學常相往來。但自大學畢業，為事業婚姻而各奔前程以來，彼此很少再見面。

眞是機緣巧合，玉珍調職到臺北市，且最近有同學自海外返臺而聚餐。玉珍也邀約了我。席間韓同學提議：我們自民國四十三年畢業以來快滿四十年了，我們來邀約所有同學，無論在海內外，攜家帶眷的在暑假裡來個大團聚，如何？大家一致贊同。並商議先該獲得同學目前的通訊地址。我要告訴他們，我所知道的四位在美的外文系同學的現址。而玉珍與韓同學都說，我是他們外文系的系友，聚會時也包括在內。

而後我們欣喜地邊吃邊談別後種種，如各人的兒女事業與往事。也談到大二那年暑假我們去金門軍中服務一個月的許多已經遺忘了的趣事，不禁也使我想起詩聖杜甫所寫老友久別重逢的那首詩：「人生不相見，動如參與商，今夕復何夕？共此燈燭光。少壯能幾時？鬢髮各已蒼。……焉知二十載，重上君子堂。昔別君未婚，兒女忽成行……」（贈衛八處士）

而我們同學之中幾乎竟有相隔近四十年才見面的呢？

回家後，無意間又發現了一張三十年前，同事送給我的照片。那是攝於金門勞軍途中於登陸艇上。這說來也是巧事，同事亞光的丈夫婚前在金門服役時所攝。亞光剛到職時，她總說在那兒見過我，後來他就從丈夫相簿取下了這張照片，證實其中有我，也就送了給我。

那時我頭髮垂肩，穿著學校分發的制服，配上花裙子。在我右邊穿制服的是雅文。在雅文旁是肇英，他是我同班同學的堂弟。在我後邊的是景東，在最旁邊的是偉豪，他們二人都是經濟系的。在他們二人前面，我的旁邊是純芳，在勞軍晚會上她與肇英二人跳新疆舞，很精彩。純芳旁是靜君。據說後來她與比我低一班的同學偉益結了婚。這照片上的七人，除了雅文與我都在臺北，常有聯絡之外，其他都已失去音訊。那時我們一行四十餘人，爲了鼓勵士氣，也不怕對岸的砲火，每天頂著炎陽，坐著大卡車在黃沙滾滾之中奔馳。每到一處，官兵熱烈歡迎（那時金門景象與蒼翠的現時金門大不相同）。

偉豪與玉珍個子高，他又喜歡爲玉珍背著大皮包，所以曾是被談論的特出人物，此外隊友有韓揆、林鍾、世正、家賢、荷生、有維、丹麗、季強、世尙等等，其他就記憶不清了。那時我們沒有拍一張團體照，只是零星個別的照片，這張照門是意外獲得，也更覺珍貴。

我們那一群何時也能再相聚一次呢？已四十年不見，還需再等一個四十年嗎？除非能像現年百歲以上的攝影大師郎靜山那麼健康長壽！不免有「世事兩茫茫」與「少壯能幾時」的婉歎。

也使我想起了小時候作文最愛用的詞句：「光陰似箭，日月如梭。」在時光催促下，使年輕的我們的鬢髮都變了銀色！然而，惟有照片，卻得使我們留住青春，也永遠少壯！

83年1月20日青年日報

歌的美夢

我愛聽悅耳的歌聲，更愛看老師彈琴的優美姿態。而我幼時對唱遊課卻是既愛又怕。因爲那時從鄉間逃難到上海讀小學，見到了從未見過的鋼琴。老師一彈奏，就會發出那麼美妙的琴音。同學們都會快活地手舞足蹈，唱著歌。而我內心雖是喜歡，但手足不能符合節拍，也不會唱歌，後來慢慢地也跟著學習，我也會了。

而我讀的小學很注重音樂，老師教我們認五線譜，並講簡單的樂理。我常弄不懂，也記不清，對音樂課視爲畏途。但由於老師的循循善誘與自己的用心學習，後來不但不再怕上音樂課，而且對音樂充滿了熱愛，覺得那是一個美妙可愛的夢境。

高中時，我來臺灣就讀省立基隆女中。我不會講國語，只會講上海話，音樂老師是本省人，他說的臺灣國語我聽不懂。第一學期結束時，我的音樂成績竟得了五十九分。那時我生著悶氣，雖然後來的幾個學期我的音樂成績不壞。因爲老師知道我並不是一個調皮搗蛋的壞學生。當時全係語言隔閡，溝通不良所致。

然而，自從那次恥辱的不及格事件之後，我對音樂課有了排斥感，從此也就沒有興趣再來哼哼唱唱。我生活在無聲的世界裡。讀大學時，沒有音樂課。結婚後，奔忙於辦公室與家庭的一切俗務瑣事之間，那音樂的美夢早已遠颺。

四年前，我因病住院，使我體驗到人生的病痛與短促，所以我下定了要提前退休的決心。我打算讀讀以前想讀而沒時間讀的書，寫稿與學國畫，多作自己興趣方面的事，餘生要爲自己而活。

在我退休之後，有多位文友勸我加入文友合唱團，我說我的嗓子不好，我不能唱歌。她們都說，可以試試，每週練唱一次，大家聚在一起唱唱，聊聊天，也很快樂的。

我剛加入時，什麼歌都不會唱，一直作著壁上觀，後來聽多了，也可以跟著唱，而且如同身處在一個歡樂的大家庭中。後來，我隨團去菲律賓、金門，在臺北實踐堂，新公園音樂台，與堂皇雅致有國際水準的國家音樂廳等處演唱，這是我做夢也沒有想到的。

我因參加合唱團，確也占去了我不少時間，稿件少寫了，除了在國語日報爲青少年寫的「法律與生活」專欄，承蒙國語日報出版部慨允結集出書，其他的只是寫些不定期的稿件偶爾在報刊上發表，學國畫，時間也不夠。想讀的書永遠也讀不完。但我認爲參加合唱團是値得的，是我退休後的意外收穫，使我交得了許多志同道合的文友，也使我體驗到衆樂樂比獨樂樂有更多的樂趣。

尤其在我甲子垂暮之年，與衆師姊妹們在國家音樂廳演唱，在觀衆席中竟坐著家人兒女，眞像身處在奇幻的夢境中的感覺。世人常有「人生若夢」的感歎。然而，我卻在學唱的那首「夢」的歌聲裡，使我忘卻了「老之將至」。

「夢吧，夢吧，作到了這好夢呀！味也深濃！」

在歌聲的美夢裡，使我拾回了青春美夢與遙遠的童年！

81年4月9日青年日報

珍藏二則

一、珍貴的記錄

我認爲我擁有一張非常珍貴的照片，記錄了我們當時的大環境與個人的生活情狀。

那幀照門攝於民國六十四年元月，外子任國防部連絡局局長的次年，美軍顧問團團長那水德（Nash）爲慶祝我國農曆春節，邀宴我國政府首長，軍方將領與有關人士，設宴於當時的美軍顧問團軍官俱樂部，即今日台北聯勤中山俱樂部現址。

經國先生時任行政院院長，平時院長出席有外賓的酒會、宴會，通常都有英文秘書宋先生陪同，有時院長忙得分身乏術時，宋先生會先來說明院長因正有訪客，要遲一會兒到。那天晚宴經國先生駕臨時，是由夫人蔣方良女士陪同。宋先生沒有與會，在餐前仍有例行的貴賓致詞，所以當院長經國先生致詞與主人那水德團長致詞時，都由外子擔任翻譯。

那晚與經國先生同一圓桌的有夫人蔣方良女士、國防部部長高魁元上將與夫人、參謀總長賴名湯上將與夫人孫德芳女士等等，之外便是外子與我，在同一餐桌上外子的階級最低，是支中將加給的少將。那天美方特約攝影師正巧是我昔日同事劉鎮先生，他離開中央圖書館已多年，所以那天巧遇，劉先生與我打了招呼，他特地爲我們拍了那張有紀念性的照片，能有幸與經國先生合照。最旁邊的便是筆者與外子周大利少將。

就在同年的四月五日，總統蔣公逝世，整個大環境陷於愁雲慘霧之中。當然最哀痛的是經國先生，家國重任全集於一身。所以此後任何宴會歡聚場合，也沒再見到經國先生。後來外子限齡退役，便也離群索居，過著閱讀自娛的日子。

此後，經國先生繼任爲總統，且也於五年前離世。美軍顧問團已撤離多年，我國就此獨立自主，步上了經濟繁榮，人民生活豐裕的時代。這一切全賴我全民上下努合合作的成果，但也不能忘懷的該是，經國先生的領航與有遠見，爲我中華民國創立了經濟奇蹟，也奠立了民主政治的基礎。我們大家正該好好地珍惜，使我中華民族仍然朝著既定目標——「自由、民主、法治、經濟繁榮」的前景繼續邁進！

82年4月19日青年日報

伴我半世紀的牛角章

我這小牛角章的用途眞多，凡是上班領薪水，郵局定存，儲蓄提款，領掛號信件，任何需要蓋章的地方，我都用它。

有一次，我去銀行領款，櫃臺小姐翻來覆去的看。她似乎很好奇，怎麼一個頭髮斑白的老婦還用這個小不點兒的圖章。終於她說話了：「好好玩，這麼小！」

我微笑著說：「這個圖章對我來說，是很有紀念性的。那是我姊姊結婚時，父親請人爲姊姊刻結婚用的龍鳳章之外，順便刻給我的小牛角章。我從大陸來臺灣，就隨身攜帶，到現在已經超過了半個世紀，我非常珍惜它。假如父親還在世的話，今年十一月就滿百歲了。」

想到父親生長於苦難的中國，活在這個亂離的時代，受盡了人爲的折磨而痛苦離世，我不禁面容悲悽。那位小姐也黯然神傷的點頭。我想，她所體會的是「人生不過百」，不知道她是否也想到人世間的許多悲劇，都是一些人的私心、異己、貪婪而製造出來的。

這蘊涵著父女深情與時代悲情的小牛角章，又使我陷於悲憤感傷之中。

86年5月6日國語日報

爲有源頭活水來

今年四月二日我被公車撞倒，右手臂粉碎性骨折，至今已四月有餘。當時親友都告以「傷筋動骨一百天」，所以我在求診、服藥、打針之餘，也很有信心、耐心地期望第一百天快快來到。

那段漫長的日子，在我而言倒也過得平安順暢。因我內心構思著一幅美好景象，一百天以後，我即可開始偉大的計畫，寫一部長篇小說（我從未寫過長篇）。

而且我又以幸運者自居，撞傷右臂，雖然帶給我疼痛與不便，但比傷腿或傷脊椎，以致不良於行，要幸運得多。我更以現今交通事故頻繁，那輛急駛而來的公車能及時煞車，使我免於作輪下冤魂而慶幸。

我是個很能想得開的人，心中也常充滿著各種希望（也許是難以實現的奢望），如年屆甲子，在寫作之外還想學國畫、書法，又想開如寫長篇小說……。可能那些只是一個個美麗的夢想，所以從我提前退休以來，因不能專心致志，因而一無所成。

我想，這次傷臂，也許正好爲我加上一個短短的休止符，好讓我得以靜思，重新出發。

然而事與願違，臂傷迄未痊癒。因第四塊碎骨與肩胛骨癒合不好，右手臂伸展不出，更舉不高，且還不時痠痛。雖可以蜷屈著寫字，做些輕便的家事，但我的心頭十分沉重，擔心右臂有半殘的可能。

外子又一直把我當病人看待，不讓我獨自外出，怕我在外再次受傷；兒女又都不在身邊，所以我去公保看門診，或購物買菜、有事外出，他都「隨侍在側」。他的關懷、好意，卻成爲我的負擔、牽絆，也似乎妨害了我的自由，更影響了我平靜的心情，甚且充滿著不安與厭煩。

四年前文友介紹我加入了合唱團，由於臂傷，我已請了三個月假，我想此刻該回去參與歡唱的快樂了。

外子拗不過我的執拗，只有陪我去，然後他去逛書店、喝冷飲，消磨兩個小時再來接我。可是外頭天氣熱，所以不到一個半小時，他便回頭了。由於他的提前來到，我內心很不自在，只好早退跟他回家。

回家後，他問我，在臂傷未痊癒前，可否不去唱歌？我說，我臂傷已好了四分之三，腳又沒壞，我可以自己去，對此我十分堅持。

七月的第二個星期一下午，又是聚會練唱的日子，他又勉爲其難地要爲我「護駕」。我覺得大熱天要他外出逛街，有點於心不忍，所以建議他在附近看場電影，主要是享受冷氣與消磨時間。

我們一起下了計程車，他看我上了電梯後，便又另外叫車直駛電影院，按理說一定會迅速、無誤、平安地到達目的地，然我卻憂心忡忡。

我爲自己的固執有點後悔，眞不該讓「古稀」老人獨行，又勉強他做不太樂意做的事。諸多不安一起湧上心頭，使我不禁氣他「小心過度」與「庸人自擾」。

然而既來之則安之，文友們陸續來到，彼此打招呼，接著分發要教唱的新歌「活水」，那是朱熹的詩，李中和作的曲。

李教授爲朱熹這首七言絕句作了獨唱及齊唱譜，另外又作了同聲二部及混聲四部合唱譜。每人分得六張詞譜，歌詞是：

「半畝方塘一鑑開，天光雲影共徘徊。問渠那得清如許，爲有源頭活水來。」

大家努力學唱，陶醉在優美的歌詞與曲調之中，似乎都見到清澈的方塘，而天光雲影映入其間。

蕭老師說，若沒有活水注入，方塘會變成死水。希望大家注意「活水」的發音，不要唱成「禍水」，引得鬨堂大笑。

大家一遍遍學唱著「活水」，咬字都非常正確。唱著唱著，我心頭的煩惱與不安也逐漸消去。

回家後，外子說：希望下星期一那家電影院換片，不然他就要換別家電影了。

這時我的內心驚喜異常，因爲這表示他已接納了我每星期一的外出，也同時爲自己作了妥善的安排，在他心頭好像也注入了活水。因爲他自退休以來，對外界的人與事全無興趣，整天窩在家裡。我常想改變他的生活方式，希望能與他同行，一起到外面走走，他卻一直無動於衷，我也只好獨來獨往。

然而這次由於我的臂傷，卻促使他自靜止中復活了過來；他居然樂意陪我外出，也獨自看電影、逛街，眞是如有源頭活水推動了他。

人，總該出外活動活動，怎可整天暮氣沉沉，足不出戶，靜如止水呢？我爲他的改變而高興。

這小小一得，卻是從我痛苦的車禍遭遇中得來。如今，每到星期一這天，即成爲外子與我必然外出的日子。我的傷臂仍在治療復健中，但我的心頭卻不再爲是否半殘而計較，也不再怨艾或不安。

81年9月號婦友月刊

車禍記

由於我親歷了車禍骨折的痛苦，籲請所有駕駛人員提高警覺，你手中的方向盤也正操縱著行人與你自己的命運：小心駕駛！一點都大意不得，若身體不適，還是休息、就醫，不能勉強上路！

我眞想不到我自己會變成那麼無情與沒有耐心，對一個爲擔憂遭遇解雇的司機竟沒有一點同情心，在電話中我狠狠地說：

「我是受害者，自從那車禍被你撞傷後，我心情變得很壞，脾氣也不好，以後請你不要再打電話來。」

這怪誰？也許由於吳司機那天已是第二次來電話，吵醒了正在午睡的我，害我抱著疼痛的右臂去接聽電話，也氣呼呼地說了以上那些話。他上午已經來過電話，對我而言是一種無理的要求。他爲了要早日取回駕照，要我去弄張不實的醫院診斷書，說是擦傷。我怎能去做，而且我早已在台大醫院取得了診斷證明書「右肱骨粉碎性骨折」已交給了他服務的汽車公司，怎能前後矛盾再去僞造一張？

我爲了同情吳司機的處境，他說駕照若扣留三個月以上會遭公司解僱，所以曾寫了一張骨傷已在康復中，懇請侯勝茂醫師蓋章證明，但是並沒有派上用場，所以吳司機要我幫忙由他帶我去永和一家醫院弄一張擦傷的醫院診斷書。我上午已經告訴他，誠信是我處人處世的原則，我不做虛假之事，而他下午竟又來電話求助。我已是交通事故中痛苦的受害者，而司機當然也是，假如他開車速度慢一點就沒事了。

那是在兩個月前，我在中華路長沙街口過馬路時，被一輛疾駛而來的263公車撞了，跌倒在地，我的雨傘被撞壞，傘骨刺傷我的右手小拇指，幸好吳司機駕駛技術高明，在他快速行車中而能及時煞車。他心地也好，即刻下車來扶我，坐到他的公車上。他說等一下送我去醫院，我說我有公保，請送我到公園路公保門診中心。

當時車上乘客很多，後來陸續下車，爲了要送我去公保，司機就不再讓乘客上車，要他們改坐下班公車。我想仔細看看我的右手外傷，認爲也許擦點藥就好了。但是右臂舉不起來。我想糟了。而且那時已是中午十二時，公保沒有門診，所以我請司機送我到台大醫院急診處。

在醫院急診處得到工作人員的熱心協助，讓我先以公保證掛號，所缺的診病單三日內補繳。司機就打電話給公司報告他的意外肇事，我也請他幫我撥電話到家裡。據急診處初步診斷我的右臂可能是骨折。我即刻成爲病人被推去照X光片。在我疼痛喊叫聲中照了片子，果然右手臂骨碎成數塊；可能下午就要動手術換人工骨節，叫我不要進食，那時已是下午一時，我沒吃午飯，在疼痛中也不覺得餓，我怕動手術，一個人陷於孤寂恐懼之中。後來台北客運公司稽查課王希揚先生與漢中街派出所警員及外子先後來到。

警員問我當時被撞時間、地點等有關事項，並說既已被撞骨折，可以告司機，也可和解。我說我不告，採取和解方式。

外子替我去拿了診病單，不久人事室主任李嘉娜與老同事辜瑞蘭組長來看我，她們都勸我該勇敢地接受手術。但我以前常聽說開刀要送醫師紅包的，我不知道怎麼送法，所以托朋友打聽，可是也問不出所以然。這是我的一大煩惱。一直到下午四點多鐘也不覺有動手術的跡象。外子去問醫護人員，說主治大夫還在手術室，今天下午不動手術了，等一下還需再照**X**光片。這在我不知是喜是憂？而我所感覺的是右臂陣陣的痛，冰敷也沒用。

此時文友小民與現任文大圖書館館長的老同學陳碧蓉先後來到，她們勸慰我，要勇敢，不要煩憂。小民是虔誠的基督徒，她就在我病床前爲我祈禱，」懇求仁慈的基督，不讓唐潤鈿受開刀的痛苦，最好不要動手術。」我只聽到這些話。我想，開刀已成定局，只要讓我少受痛苦，早日痊癒就夠了。當時護理人員通知要我再去照**X**光片。我又被推進了**X**光攝片室。

我的右臂愈來愈痛，而且餓得軟弱無力，躺著照了**X**光片，又要我站著照。我說好痛，好難過，我怕會暈倒。所幸支撐著沒有暈倒。在**X**光室外的小民與碧蓉都聽到我哀叫的聲音，事後她們都說，猜想到我當時有多痛。

護理人員告訴我今晚不動手術，可以吃晚飯，但十時以後不能進食，可能明天上午會動手術。因爲晚餐時刻，碧蓉與小民都各自回家了。我在急診處用左手痛苦地勉強吃了一頓無味的晚餐。

晚間，我想到次日開刀之事，又加上右臂疼痛，幾乎整夜不安無法入睡。外子在我病床前坐在椅子上，怎能睡得好？我想著萬一他也病倒了怎麼辨？兒女又都不在身邊。那時我忽然有個奇想，我眞的不能開刀，開刀需要長時間才能復元。所以我就躺在床上默默祈禱：「求萬能的上主助我，在我們人類認爲不可能的事，而在萬能的神都會變爲可能。我是多麼的希望不開刀，可是我是一個微不足道的小人物，我不敢向神奢求。」而後我連連唸著玫瑰經，一遍遍的天主經與聖母經，祈求聖母。因爲「聖母是上主耶穌基督在人世間的母親，基督是孝愛祂的母親的。我想著基督由於祂慈母的轉達，代爲懇求或許有奇蹟出現」。那時我內心稍覺平安，因而迷迷糊糊的睡著了。等到醒來已是清晨，護士來量體溫，我三十七度六，還好熱度不高。

接著值日醫師檢看我，並說動手術已排定在下星期一，是魏醫師。更說了換人工關節的好處，以後不會因天候變化而骨骼傷處疼痛。我問他多久能復元，他說手術、休養與復健，大概三個月或半年之後一定恢復正常。那天是星期五，也就是我必須先在急診處忍著痛再等三天。所以我問爲什麼不早日動手術呢？他說出了多種原因，如醫師沒空，要等人工關節等。因此我又陷入苦等的不安與焦慮中。爲了希望早日動手術，託朋友推介好的骨科醫生。

至少有三位朋友都說侯勝茂醫生很好，所以我決定請侯醫師開刀。是日晚間值日醫師告訴我，現改由侯醫師動手術，但還是排定在下星期一。我只好無奈地點頭。爲了外子晚上能夠躺下睡覺，所以他在急診處定了一間陪病人的小客房。次日他說還是沒有睡好。我也在急診處病房中度過了第二個痛苦與不安的夜晚。次日清晨侯醫師來看我的病況。他說：「換人工關節像是蓋新房子，當然很好，但復健的時日需要較長。骨折也可以醫治，這像修理房子。效果可能差一點。若不滿意，以後可再動手術。」

這也是說明了我的骨折還能醫治，所以我像見到了救星似地說：「謝謝您，侯醫師，只要能治療，我就不要動手術。」雖然那時我想到我的三位曾骨折的朋友都是即時動手術的，一位還鋸了腿，換裝了義肢。那時侯醫師說了：「不過，以後您的右手舉不高。」

我的內心一陣寒：「那我的右手不也等於殘廢了嗎？」而後侯醫師又說話了：「但是可以寫字。」這是我在急診處痛楚的三天中遇到奇蹟似的唯一樂事。所以我決定請可敬可愛的侯醫師為我診治。侯醫師說：「既然不動手術，就可以出院回家。下星期四就到公保門診。」於是他為我又開了三天（按急診處規定祇能開藥三天）的止痛藥與治療骨折暨骨質疏鬆症的藥。當日領了藥，我們也就出院回到家裡。

此後，我就遵照侯醫師的指示去門診、打針與按時服藥。最近又照了X光片，三塊骨折處已癒合，唯有一塊尚有問題。可能還需治療二個月。依我目前的情況，我自己感覺到右臂還會有些疼痛，手臂還是舉不起來，但已大有進步，可以擱在桌上寫字，雖不能多寫，但我已心滿意足。我相信，我只要小心，有耐心接受治療與復健，我的右手臂總有痊癒的一天。

但對於吳司機我很感遺憾與不安。因為吳司機是一位駕駛技術高明，心地善良的好人。

我在醫院急診處三天，他每天都關心地來看我。他說：「實在對不起，害您受苦。」他撞倒我那天，他也因身體不適晚上去看了醫生。並從口袋掏出他的藥，以證明就醫的事實。他又說他的太太拋下三個孩子離家出走，他需父代母職。這些我都同情他。尤其他冒雨開車餓著肚子送我去醫院，協助我，陪伴我，我更是衷心的感激。此時此刻我也很想助他一臂之力，可是我又不懂該如何循正途幫助他！

我有個淺見，擦傷與骨折似乎只是五十步與百步之間，同樣的都因駕駛不小心而肇禍。撞倒的若是年輕人可能只是表皮外傷。而至於年長者情況就不同了。自己不小心摔跤也會骨折的。我的朋友六十歲的劉太太，她就是在家滑了一跤，左膝骨折。還開了刀，現已四個多月還未痊癒。

至於那天車禍，因吳司機的一時疏失，卻又碰到了我這個患有骨質疏鬆症的人，因此導致了骨折的後果。因而筆者有個小小的建議：交通有關單位、監理所或各汽車客運公司，在立法或執法時，對肇事司機的處罰，能否在嚴守交通事故中受害者是「擦傷」或「骨折」的規定之外，也來參酌實際情況，以決定扣留駕照時間與司機的去留？好讓他們早日工作，不致失業或生活成問題。

人，孰能無過？在交通事故中犯錯成為受害者的司機，他已遭受了慘痛的教訓，以後一定會注意交通安全，也更會小心駕駛！

也由於我親歷了車禍骨折的痛苦，籲請所有駕駛人員提高警覺，你手中的方向盤也正操縱著行人與你自己的命運：小心駕駛！一點都大意不得，若身體不適，還是休息、就醫，不能勉強上路。

81年8月2日青年日報

病是禍還是福

生病是人生一大不幸，但誰能保證自己不病呢？即使是自認爲很健康的人，一旦發現有了病，卻比平時多病多痛的人更爲嚴重。若有病能及早發現，可以求醫，對症下藥，比有病而不自知好。

外子一向沒病，連傷風感冒都很少，即使偶爾咳嗽打噴嚏，他都是在多吃水果多喝開水等自療情況下痊癒。他說多吃藥會傷胃傷身體。但在十多年前，一次健康檢查時發現血壓高，後來又發現三酸甘油脂也偏高，此後他便經常吃藥，也更注意身體的保健。

去（八十三）年九月下旬，女兒周密帶外孫女悌芬自美返臺時跟我們說：爲了孩子上學方便，準備明年春天搬家，她希望我們能在那時赴美小住，助他們一臂之力，也順便旅遊一番。外子欣然同意，我也毫無異議。外子唯一的顧慮是怕耽誤明年的體檢。他是退役軍人，體檢都由退輔會通知，所以周密建議他打個電話問問，得到的結果是：不知道明年是否有體檢，因明年起要實施全民健保，但在年底前退輔會主管有次體檢，假如要的話可以安排參加，這正合他的心意，因此他的體檢被安排在十一月三十日。

這次體檢照超音波，在他肝上發現數點陰影，需要門診。門診求醫時，醫生要他住院作進一步的檢查，而他不想住院，所以回家後輕描淡寫的跟我轉述醫生的話，可是我卻認爲有住院檢查的必要。次日我陪他再去榮總門診，翁郁明醫師支開他後跟我說：「是惡性腫瘤，兩葉肝上都有，從別處轉移而來。」

那時我想到事態的嚴重性，請翁醫師即刻爲他安排住院。而當天腸胃科沒有床位，翁醫師要我們留下電話等候通知，我們回家後卻一直得不到住院的訊息。爲了想早日治療，所以我們多方面進行，在熱心友人相助下，不久，就有了空床位的消息。

十二月九日下午二時，我陪外子到了榮總，正要辦手續，住院組黃組長迎向外子，聲稱「老師」，原來二十多年前黃組長曾在國防部外語學校受過訓，外子教過他英語軍語。黃組長代辦住院手續，並在事務繁忙中陪同到了腸胃科一二二病房。黃組長仁厚良善，尊師重道，念舊而不忘本，眞是難得。

這一切意外發現與巧遇，對我們而言，似乎在所患恐怖的絕症中見到了希望的曙光。在病房裡外子還幽默的說：「我小時候就希望生病，因爲在病中會得到母親的特別照顧。」其實他已知道是癌症，但並不知道是擴散轉移而來，所以我也像演戲似的故作輕鬆的跟他說：「一向我多病，這次你病了，我一定會好好照顧你，很快就會出院回家的。」

他也像回到了童年時代，說出了他幼時愛吃的東西，與母親的慈心與愛意的小故事。

他覺得病不是禍，而病能帶給他享有人間的至情與憩息的機會，也何嘗不是人間幸事，一種福份呢！

84年8月5日中華日報

鎖憂解愁

寫作是人生一樂，不但能使我們結識到許多志同道合的朋友，而且還可讓人鎖憂解愁。因爲我們常有歡樂的聚會，如文友慶生會之類，至少每月可以相聚一次，此慶生會的由來，說起來是一個長長的故事，已有三十餘年的歷史，但也可以用最簡短的文字來說明，因當時文壇前輩林海音女士的千金滿月，邀宴好友琦君、王文漪、劉枋等等，席間有文友建議，作主婦眞辛苦，每天爲家事兒女操勞，何不每月選出一天作自由日，走出家庭，與朋友們相聚聊聊。因此文友慶生會就這樣議決產生，每月下旬利用一個中午午餐時間大家共聚一堂，各人自付餐費，但當月壽星不需付費，由其他會員分攤，每月慶生會召集人由上月之壽星擔任，負責選餐廳、訂日期、發通知及收當日出席會員之餐費，這是享受權利後所盡之義務，每次餐聚在唱生日快樂歌後揭開序幕，一直沿襲迄今。然而，如今元老會員因出國因事等等原因而離開，只有王文漪女士仍然參與，其他都是每年陸續加入的新會員。

這些會員們幾乎全是喜歡用文字來寫作的，但也有數位從事繪畫，年長的有八十高齡，最年輕的不到三十歲，她們都各有著不同的頭銜，曾是或現任校長、系主任、教授、中小學教師、報社及出版社社長、編輯、畫家、全職家庭主婦，及公務員等等。

現有會員五十七人，每次出席率在三、四十人上下，但最多的一次竟有八十餘位，因會員們都攜友參加，有時是純餐聚，但有時邀請貴賓演講，總之，這是一個充電增見聞或是吃喝談天、逍遙自在的快樂日子。

可是，有時就是無法分享那快樂，就如我因外子住院動手術曾缺席數次，去年十一月間外子健康檢查照超音波發現肝有問題，需門診，門診後即刻住院作了兩星期的各種檢驗，得知肝的問題是由大腸惡性腫瘤轉移而來，經過大腸腫瘤切除手術，平安出院回家休養，但每週六得去醫院，要作半年的化學治療。不久他的右肩與後背疼痛，原以爲是受風寒或關節炎，但經血液腫瘤科劉俊煌醫師診治後，要他作全身骨骼掃描，始知他的脊椎骨已有癌細胞侵襲，接著便安排每天照兩個星期的鈷六十，他同時在化療與放射線雙重夾攻下，受盡折磨。侍候病人是一件苦事，而他在身心雙重的煎熬下，我更感染到無限憂苦，且爲了他便於治病，決定搬家。我每天在煩惱憂心中還得體力操勞，做些搬家前的整理雜務，那天收到慶生會通知時，我心力交瘁，又不想出席，而外子鼓勵我去，因此那天中午我爲外子準備好午餐，看他食用後，我才匆匆趕到餐廳，還好我不是最遲者，朋友久未見面，互相寒喧問好，並蒙朋友多予安慰鼓勵，並提供多種抗癌良方，我很感激她們。

三月份的壽星有梁丹丰、徐薏藍與朱婉清三位，召集人是呂潤璧、呂青與陳佩璇等，當會員們到齊後，召集人帶動大家唱生日快樂歌。

當歡愉的慶生餐聚回家之後，我仍然陷入勞心勞力的愁苦中，外子照鈷六十以來，吞嚥困難，我自己也不適求醫，久未動筆，可是今天突然有動筆的念頭，因在我腦海裡映現著慶生會景況，外子也已熬過照鈷六十兩週之期，痛苦在稍減中，以後只要面對化學治療了。

我在平靜中寫著此篇拙文，當完稿時愁緒似已被鎖住，憂慮之結似也解開，自己的病痛似乎也已不藥而癒了。

84年5月21日臺灣新生報

患難中的忘年之交

美玲與我們的相識是在榮總的X光檢查室外，丈夫在裡面檢查，我孤伶伶地在外等候，美玲穿著紅條的病人睡衣坐在我旁邊，我看她年紀輕輕，神情煥發，居然也是病人，我好奇地望了她一眼，想說話，但心情不好，還沒想出該說什麼，而她轉過頭笑嘻嘻地望著我，問：「你也檢查？幾號？」我說：「不是，我是在等我先生，他在裡面檢查。」而後我跟她說丈夫在體檢時照超音波發現了肝上有陰影，疑似惡性腫瘤，且自別處轉移而來，現在已住院一個星期，每天都在做不同的檢查，想要找出禍根，她說她的腦部要動手術，手術之前也在做種種檢查。

我們很談得來，她說她的先生曾是榮總醫師，她自己是護士，現在在家鄉員林開設診所，有兩個孩子。我問她爲什麼要動手術？她說頭痛，已經很多年了，痛的時侯恐怖得難以忍受，後來檢查腦部，說是額竇囊腫要動手術切除，希望那是良性的。她像是在說故事，而不是她自己的親身際遇。

我是爲她擔憂難過，還是爲丈夫的癌症而竟流下了眼淚，因爲我在醫院裡看到各種病人，他們都在痛苦煎熬之中，美玲安慰我，還開導我，以後照顧癌症病人應有的心理準備。因此我也跟她說：「榮總的醫師都是一流的，你的腦瘤一定是良性的，我們都該放寬心，不要緊張。」這也算是安慰話吧！

在我的先生動手術前，她常去病房跟他聊天以解除他的不安與寂寞。在丈夫動手術時，她曾來手術室外的休息室陪我看我跑了兩次，都在我誠意地要她回病房休息，在手術前檢查時不該亂跑，要好好靜養，她才乖乖地離開。丈夫手術之後，她特地外出去買了一頂帽子送到病房來，她說：「周伯伯以後一定要做化療，會掉頭髮，戴帽子保暖，也增加帥氣。」她眞是善解人意體貼而幽默的好女孩。

在她動手術前夕，我去病房看她，她頭頂的頭髮已被剃去了一半，從後半垂下長長的秀髮，若把後邊的頭髮編個小辮子，很像是我們在電影或電視劇裡所看到的清朝的男人，前面露出光禿禿的半個頭頂而後邊帶個小尾巴。她摸摸她的頭，噘起嘴說：「醜死了！」愛美是女人的天性，尤其是年輕漂亮的女孩，所以在她手術之後我送了一頂假髮給她，要她出院回家時戴，也順便送了一本「愛的祝福」，這是爾雅出版社出版，王令嫻與我二人合著的一本散文集，好讓她消遣解悶，她也是很喜歡文藝，她說她在結婚前也曾寫新詩與散文投稿。

我們都留下了對方的電話與地址，出院回家之後也經常電話聯絡。

當丈夫作骨骼掃描之後的一週，去門診時知道了結果，癌細胞眞的已轉移到了脊椎骨，我很著急害怕，但醫生平靜地說：「照鈷六十治療，要連續每天照兩個星期，下星期開始。」

由於醫生的安排，於三月三日下午三時半開始照第一次的鈷六十，這種鈷六十核療每次只照五分鐘，但爲了照這五分鐘，每天得老遠的趕來一次，眞有點勞民傷財，但爲了醫治，我們樂意，也乖乖地每天準時報到。

三月十五日傍晚美玲來電話，問我們近況，我據實以告，並說明天下午要去榮總照鈷六十，她說她明天也要去榮總複診，於是我們相約於中午十二時在餐廳見面。

她穿著入時，薄施脂粉，塗著淺色的口紅，還帶著一頂法國式女帽，高挑的身材，很像是個時裝模特兒，大家坐定後，我問她頭髮長得多長了？她掀開帽子，頭頂前面短短直直的頭髮正在往上竄長，有那怒髮衝冠的意味，她又說：「醜死了！」趕快又戴上了帽子。外子說她漂亮可愛。眞的，審美的眼光是一樣的。

近兩週來，丈夫因每天一次照鈷六十與每週一次的化療雙重夾攻下，食慾不振，但那天中午因與年輕的美玲一起用餐，邊吃邊聊，倒還多吃了一些。他望著病中的忘年之交，先恭賀她度過了人生關卡，而後不時地跟她開玩笑，情緒也好了很多，但是下午美玲要複診，他要去照鈷六十，在分別時，他風趣地說：「我又要拚老命去了，明天再照一次就好，以後不用再照鈷六十了。」而後更誇大地說：

「照鈷六十比化療更恐怖，我做化療只是胃口不好，偶爾會噁心，頭髮沒掉，所以妳送的帽子我還沒有戴過，這兩個星期照鈷六十，眞把我整慘了，好像送掉了半條老命！」

美玲說：「忍耐一下吧！帥哥！勇敢的英雄！下次我再來看你。」在丈夫痛苦的臉上，綻開了希望愉悅的微笑。

85年1月17日青年日報

無殼蝸牛買屋賣屋

為便於丈夫治病，我們積極地進行買房子與賣房子。我們生平沒有賣過房子，而買房子也只有唯一的一次經驗，就是當初女兒考上政大為便於上學而在木柵買了現住房屋。

我們以前一直是無殼蝸牛，從民國四十三年十月結婚開始便租房子住，一直租屋有十餘年之久。丈夫任職國防部當小主管，國防部眷舍不多，當時眷舍分配重點在高階將領。偶爾有配給校級軍官的，可能由於丈夫的禮讓，不予爭取，或是人際關係不夠，總是輪不到也。當時為了眷舍問題，我們時常為此爭吵，所以我曾與同事彭樹杞（楊師母）訴苦。後來她曾從她的兄長彭孟緝參謀總長那兒得來消息，說國防部在板橋蓋的眷舍大庭新村最近即將完工，有一排眷舍是分給主管的，那時丈夫任職國防部聯絡局第四組上校組長，因此我們分配到了眷舍。

那眷舍很小，只有二十坪，我們便在後院加蓋了一間房子。就在我們搬進大庭新村那年夏天，葛樂禮颱風來襲，而丈夫正與當時聯絡局局長胡旭光等人出差訪美，那時我帶著兩個幼小的孩子走上了加蓋屋子的平台上躲避洶湧而來的洪水，我們在風雨交加中不吃不喝枯坐了十八個小時，次晨水退才下來，我們受盡驚嚇，書籍衣物全遭毀損，所幸國防部派員援助，分發食物等救濟物資，丈夫也及時回來，我們得以度過難關，重新努力一同建立家園，此後一住便是十二年。其間丈夫自聯絡局組長調外語學校教育長，後改制為國防語文中心，他任中心主任，後調升為國防管理學校校長，而後又調回國防部聯絡局，任局長，但都住在那大庭新村小眷舍內。我原以為會分配到一個較為寬大的眷舍，而時任參謀總長的賴名湯先生秉承經國先生的意志，將重點放在照顧低階的官兵，因此我們未再調配分發其他眷舍，只好繼續居住。

女兒考上政大，我們不放心讓她奔波在板橋與木柵之間，也正值我服務的中央圖書館可以申請購屋貸款，因此我們決定放棄板橋眷舍而申請貸款買了現住在木柵的房子，一住十九年。如今兒女都出國，家中只有我們兩老相依為命。他因病不能外出辦事，但他說在家他會自己照顧自己，要我放心。而我怎能完全放心？外出時總要準備好他該吃的食物。

我們已決定要買三民路的房子，就在二月十四日情人節的次日與屋主何太太商定，於二月十六日付定金十萬元。而後於二月廿一日在吳鳳嬌代書事務所訂約並付款七十九萬元，共分四次付款，要在三月廿七日全部付清七百九十五萬元。錢從那兒來？我們有點心慌。因此，我積極的進行出賣現住房子，也到處託人，朋友都說買房子容易，賣房子難，有的人家房子賣了好幾個月，甚至多年都賣不出去。那時我想，若眞賣不出去，必須辦理貸款，但每月要支付利息，對已退休的我們而言是很大的負擔，所以我一心祈望能及時賣掉房子，才可以支付購屋款項。所以我上教堂望彌撒時拜託教友，我也託親戚朋友，最後拜託鄰居，並想寫「

吉屋出售」的紅條去路口張貼。

說來也是巧事一樁，鄰居張太太對我家房子有興趣，她先說在高雄的姊姊、姊夫想要在台北買房子，後來她跟她的先生來看並問賣價，我據實以告，仲介公司估價是六五〇萬元，我們是自相買賣不透過仲介，價錢可以便宜，我就說減三十萬元，六二〇萬元好了。次日張太太來電話，說張先生想自己買，說我們房子舊了，要重新翻修而又削價，最後以五百八十萬元成交。丈夫與我都怕以後乏人問津，還是趁早賣了，也可以解決我們的燃眉之急。

我與他們又在另一位代書事務所訂立了房屋買賣契約，載明了付款期數與日期及每次款項等等。此後我從張太太家拿來的錢，我就轉交給了何太太，於三月廿七日我給何太太付了第四期款項（是最後一期），也即在近一個半月內我們付清了全部購屋款，再過兩星期我們就可自代書那兒取得建築物及土地所有權狀，那三民路的房子便眞正屬於我們。至於我們所住木柵的房子，張先生也需求很急，所以我們決定必須於四月下旬要搬家交屋。

親友們都以我們能急速買屋與順利賣屋而道賀、祝福。我們也自認爲運氣不錯，這是好的開始，也是成功的一半。我們老倆口將會有一個美好的新的開始而欣喜。我們爲新家訂購了一套沙發、餐桌椅與兩張書桌。屋主何太太把房子也粉刷得雪白亮麗，附近有超市、餐廳、郵局，主要的以後丈夫不需辛苦的爬樓梯，可以坐電梯上下多好。

我們這個殼爲我們未來的蝸居充滿了新希望，這是我們共同努力的成果。

84年12月13日青年日報

病上三口山——癌

丈夫年輕時很隨和，對食物從不挑嘴，但進入老年階段卻很挑剔。他不吃醃漬的魚肉蔬果，他愛吃各類生鮮清新的食物，凡是他認為有添加物、有礙健康的食物他都不吃，如鹹魚、醃肉、薰雞、醬菜、腐乳、蜜餞等等經過加工的，他認為都有礙健康，甚至醬油他也不吃，因為經過釀造，要久藏不壞，一定加入防腐劑。

他最愛吃活跳的魚蝦水產，新鮮天然的肉類蔬果，所吃的菜餚最好都沒有顏色，怕色素對身體不好。若是叉燒、紅燒肉、紅燒魚他是不愛吃的，有時對菜中懷疑有點顏色時，他一定問我，是不是放了醬油？我據實以告，若是放了一點醬油，他也就不吃。所以我家近年來的菜都是清炒、清蒸、白燒，不能有一點顏色，因此餐桌上的菜幾乎全是清一色的雪白。我覺得他的話的確也有點道理，少吃加工食品，多吃天然食物，一定對身體有百利而無一害。所以我也常多買些青菜、青椒、紅蘿蔔等有色蔬菜來為餐桌上白色中點綴些可喜的顏色。

他身體硬朗，大病不生，小病也無，有時偶爾感冒咳嗽，在多吃水果多喝開水下不藥而癒。可是多年前由於體檢時發現血壓高，就常吃治高血壓的藥，漸漸地有便秘現象，他認為是痔瘡舊疾復發，我說是不是因吃治高血壓的藥的副作用。他問了醫生，醫生加開了通便的藥，爲了順利通便，所以他吃一粒、一粒半而兩粒、三粒的在逐次增加，以維持著每天一次大便的習慣。

去年體檢時照超音波，在肝上發現了陰影，係自別處轉移而來的癌症。經住院作進一步檢查，發現在大腸近直腸處長了三個惡性腫瘤，最大的竟已占了腸子寬度的三分之二，難怪他近來大便困難，全賴通便藥使大便軟化而勉強維持原有排便習慣。所以當我得知丈夫病情時，我很氣那位治高血壓的心臟科醫生，每月一次去門診，只給通便藥，而不提醒病人去看腸胃科，所以當我要陪丈夫去門診看那位醫生時，我說我要責問他。最初丈夫不講話，後來他跟我說不要問了，以前醫生講過，本來我要問他：「你爲什麼不聽醫生的話呢？」但責怪抱怨也無濟於事，也徒增他的痛苦而作罷論。

我眞不知道一向注意健康的他，竟如此疏忽醫生的建議！那是爲什麼？是他太自信嗎？以爲他自己注意飲食，懂得保健，不會有意外病況了嗎？他竟得如此可怕的絕症——癌症，那個「癌」字，便是在山上張了三個大口，處視眈眈的要呑食病人！不過我認識的親友中患癌症而現在仍然健在的也有多人，這爲我們在驚慌絕望中似乎見到一絲曙光。我們同意醫生所作的決定，動手術切除大腸惡性腫瘤，然後再爲肝上癌細胞不使擴散而作化療，要半年有效。不久癌細胞轉移至骨骼，故化療之外，同時作核療，每天照鈷六十，照了兩個星期。他在化療與核療雙重夾攻下，食慾不佳，但不嘔吐，也不掉頭髮，照兩週的鈷六十已完成，化療也要將滿四個月，再挨過兩個月，他就得救了。可是就在第四個月中，他因便秘與尿道阻塞等小毛病而數次進入醫院，於四月廿五日住院後，而竟沒再出院，這怎麼可能呢？如此注意飲食的他，竟因腸癌而賠上了自己的生命！

他於五月廿七日辭世之後，迄今已有一百五十餘日，我的心情自煩亂痛苦哀傷中漸漸平復過來。朋友說：「你的先生注意飲食之外。是否也常運動？」

唉！大概癥結就在此，他不愛運動，喜歡靜。雖然他是軍人，他年輕時投筆從戎，行軍時吃盡了苦頭，他雖是官校砲兵科出身，後來在軍中所作卻都與英文有關或是教育工作，所以親友說他像是文人而不像軍人。他少將限齡退役之後，每天就在家閉門讀書，不與人交往。看書報、電視與聽音樂之外，便寫他的「周易史證」，選取我國二十五史上的史事，以引證易經上的六十四卦，他說再過幾年就要完成。他不喜歡運動，愛吃水果，我爲了讓他動動筋骨，要他自己去買，可是他出去十分鐘就已把水果買了回來，他認爲已作了運動。午飯後他一定要午睡，坐在沙發上邊看電視邊睡，睡醒也懶得動，就伸手拿預放在茶几上的水果來吃。他不好動，卻又愛吃炸雞，可能腸子也蠕動得少，長出息肉而惡化，這是我的猜想。

他一直以爲醫學昌明的現代，活到八、九十歲不是奢望，可是就因他的疏忽，他沒有想到要活就得動！因不動而竟沒有完成他的願望。唉！他病上三口山，可恨，可悲，可慟！我有著流不盡的淚！

85年4月22日青年日報

急診・恆安居與搬家

八十四年三月卅一日我要陪丈夫去榮總作第十二次的化療，當初出院時醫生預估作半年化療，我們牢記在心，也計算著每週一次，半年大概二十五次，現在已近三個月了。許多人對化療不能忍受，丈夫已將熬了一半，再熬十幾次，便是抗癌成功了。我在祝禱著、祈求著，他也滿懷信心。所以這天我們依往例一早就又到了榮總地下一樓癌病中心作化療。

他的血管很細，不容易打進去，也不方便找到，所以花了一整個上午才作完化療。護士建議裝人工血管就會便捷得多。我們爲此考慮。那天做完化療已近午餐時間，而他想上廁所大便，可是肚子脹卻無法解出，很是痛苦，護士建議到急診部，我想也對，我陪他第一次去了急診部，巧遇以前住院時的姜正愷總醫師，姜醫師設法爲他通了大便，我們也就去午餐，而後回家，已是下午二時半。

他近來身體很弱，一定是化療之外，又加上前兩週的鈷六十核療的關係。因此劉俊煌醫師決定讓他於四月九日住院輸血，因血管細也順便裝了人工血管，以便於以後注射與化療時用。他住了三天醫院便也出院回家了。

我們已決定於四月廿四日搬家，所以我抽空整理東西，丟棄些破舊不需要的衣物，同時把需要的不常用的衣物先裝紙箱，並編號寫上簡單的內容。丈夫也要幫忙，他整理自己的書籍，放入一個大紙箱。而後他整理書桌，可能拉抽屜用力過猛，還是他太弱了，抽屜與人一起跌倒在地，眞把我嚇昏了，我即刻過去扶他起來，他說沒什麼，還好眞的沒什麼，筋骨都沒受傷，感謝上主。但我不敢再讓他整理，扶他到床上乖乖地躺下休息。

四月十八日上午他又肚子脹大便不出，下午又因小便不通，脹得難受，所以這天我陪他跑了兩次榮總的急診部，因小便不通暢，裝了導尿管後回家。

由於尿袋小，睡到半夜便已滿了，他想自己上廁所把尿袋的尿倒掉，可是不小心，卻把一袋的尿全流在床上，他爲了讓我睡個好覺，自己便又綣縮在床的一邊再睡。當我晨間五時醒來，順便過去看看他，而他睜眼望著我說：「抱歉，床單都濕了。」我曉得了怎麼一回事，即刻扶他起來，把濕漉漉的床單、墊子等等全換了，讓他再睡。可是他說睡不著，他擔心怎麼搬家，我說總會有辦法的，兒子在搬家前會回來。我是擔心他在家裡對我是一大負擔，怕他摔跤或闖禍，若把他暫時寄養在一個地方，我可以無後顧之憂的來整理東西，準備搬家。

我同學的先生因養病住在附近的恆安居養護中心，我就跟同學商量，要她問問中心的負責人，可不可以在我們搬家前臨時住上幾天？他們說可以按日計算，一天一千元，得到丈夫的同意，就在當天四月十九日下午五時半，我們提前吃了晚飯，帶了他的隨身衣物書刊就到了恆安居。是一間兩人房，他的床位靠窗，倒也窗明几淨，院子裡有幾樣健身器，屋子裡有多架輪椅，以供能活動的病人運動，與不良於行的人坐用，環境很不錯，他也覺得滿意，安排妥當之後，我就回家。繼續整理衣物與裝箱。

我想四月廿四日搬家，廿三日兒子回來也可以幫忙，按這樣進度應該沒有問題，所以我又整理裝了一箱。於是去洗澡，打算睡覺，把一天的疲勞洗掉，明天又是新的一天。晚上十一時，我躺在床上，正迷迷糊糊要入睡時，電話鈴響起，我以為是女兒從美國打回來，怎會想到那是恆安居的負責人，他說：「請你來把你先生接回家，他不肯睡。」我即刻坐計程車趕去。

平時他最不放心我晚上坐計程車，所以我也很少晚出與夜歸，如今將近午夜，他居然要我外出接他回家，我內心好慌，怕他發生了什麼事，又怕遇上惡司機，幸好只是杞人憂天，我平安到了恆安居，按了門鈴進去，見到丈夫一人坐在院子裡，問他緣由，他說屋子裡太熱，睡不著，問他們要蓆子，可是沒有。我說，那麼今晚就回家吧，明天我們帶蓆子來。

可是次日他不想去恆安居，他說還是在家好，他一切都會自己小心，不會替我增添麻煩，我尊重他的決定，於是一早去恆安居算了帳，也拿了他的衣物回家。而後再去買菜。因為我很累，下午就找了鄰居讀國中的兩個孩子權充工讀工，幫忙搬書裝箱。

四月廿二日他又小便不通，就近到耕莘醫院去急診，說是尿道阻塞，有血塊，去除之後就回家，但他仍感不適，故廿三日早晨送他去榮總急診，也就留下觀察，幸好是日請到看護，我便回家整理，準備搬家，也按照原請計畫在匆忙中搬到了新家。

原刊於民85年2月1日青年日報

長青樓

——那段痛苦的日子

丈夫的病情已經很沉重，張效煌醫師建議我要國外的兒女回家，而我始終不太相信，我總認爲他會病癒出院，他也一直吵著要出院回家。一天，主治醫師陳維熊大夫也居然同意可以出院。我很不解，我就請教認識的住院組黃組長，並把實情詳述，黃組長認爲應該住在醫院較好，而醫生是爲了病人的意願與限於病床，不能占用醫療床位太久，因此黃組長建議可以轉到長青樓。

我跟丈夫分析住院與回家的利弊，最後他也同意不回家，還是住在醫院，於是就在去年五月二十日下午丈夫轉到了長青樓病房，也是兩人一間，那病房等於是榮總的安寧病房，病人需要長期的照顧療養，護理人員對病人特別親切和藹，護理長古瑞菊也要求特別高，在床頭貼著翻身時間表，護士都能切實做到，按時爲病人翻身，怕一直仰睡或同一姿勢太久會長褥瘡。每餐食量多少克也要過磅記下，其他血壓、大小便、體溫等等與普通病房一樣作記錄。丈夫食量每餐只有二百克左右，有時再加一個布丁，他精神不好，不愛講話，時常閉目養神，我爲此著急憂慮。古護理長爲了寬慰與開導，她借給我看榮總人雜誌，內有一篇她所寫的有關安寧病房的文章，我閱讀之後心情非常沉重，但也體認這是人生的必經之路，大家都得爲病患著想，在他有生之日讓他過得寧靜安詳。

女兒女婿已返臺兩週了，爲了工作，他們應該返回美國僑居地，因此在五月廿六日清晨在我安排、目送下，他們乘車去中正機場。他們離去後，因爲我醒得太早很想睡個回籠覺，正閉目養神快入睡時，覺得丈夫拉我的手要我摸他的額頭，他說好像有點發燒，我一陣驚慌即刻從床上坐起，那時電話鈴聲也響起，原來女兒自機場來電，說他們已到了機場，辦好了出境手續，要我一切放心，並問我何時去榮總，告訴老爸安心養病等等，我說我馬上要去榮總。

當我到達榮總時，古護理長跟我說，情況不好。因此這天我一直陪著他，他沒有神的大眼睛，今天顯得特別大，我跟他講話，他似乎懂，但沒有表情。到了晚上，他的眼睛睜得大大圓圓的，也特別亮，一直望著我，眞可以「目不轉睛」來形容。他也鼓動著嘴像在說話，但我聽不見他的聲音。我一直在猜想，他要跟我說什麼話呢？突然在我腦海裡靈光一閃，我想我該問問文友也是天主教友郭晉秀姊，我跟丈夫說我去打電話跟朋友商量事情，他眨了眨眼睛似乎表示同意。可是晉秀姊去大陸了，因此我撥了電話給胡玉梅老師，她也是天主教友，她的先生是高砲司令劉鳳紀中將，於多年前因心臟病發而遽逝，埋葬於五指山國軍示範公墓。當她接聽電話即刻問我先生的病況，我據實以告，她提醒我該預訂墓地，因爲那是人生終站，誰都會走進。她推介國軍示範公墓，我問她屬於什麼單位管轄，她說是聯勤總部。我即刻想到前任聯勤總司令溫哈熊先生，他是丈夫在國防部連絡局任組長時的長官，他的兒子子儉曾與我的兒子周全在光仁中學是同班同學，我與溫夫人洪娟女士也很熟稔。因此我就打了電話，是溫夫人接的。她說申請五指山公墓按照規定，一定可以的，假如有什麼問題，明天直接問溫先生。明天上午十時以後她會與溫先生一起來榮總，我婉拒，但盛情難卻。

次日十時以後，我讓兒子到樓下恭迎，他們二位準時到達，還帶來了一大盒高級水果。同到病床前，我跟丈夫說：「你看，誰來了？」他無言的望著，溫先生說：「我們是四十多年的老朋友，當時在華盛頓我們兩人是年輕的尉官。」丈夫鼓動著嘴，但沒有聲音。我接著說：「是老朋友與溫大嫂來看你，你一定知道，你放心，你的事老朋友會幫忙，你會好起來的。不過，人總有離開世界的一天，所以我想在五指山公墓預訂一個雙穴的墓地，將來我們一起安息在那兒，以青山藍天為伴。他有一種心領意會的神情。但我不願在他面前多談墓地之事，我們就在病房外談了大約半個小時，最後溫先生寫下了軍墓處處長與有關人員的電話，他們二位都認為早作準備也好。他們離開時經過病房門口，張效煌醫師正在診察，我就進了病房，由兒子送了兩位貴賓。

張醫師跟我說：「癌細胞已侵入肺部及其他部位，要留意呼吸。」那時已過十一時，我既累又餓，想吃東西然後回家睡個午覺，於是請照顧丈夫的朱先生多多留意，並讓兒子留在榮總陪伴老爸。下午一時半，當我回到家正開門進入，聽到電話鈴聲，原來是榮總朱先生打來的，說：「你兒子吃飯還沒回來，你先生不行了，剛才醫生來過已宣布……」我驚慌的即刻重又關上門掉頭就走。因是週末，車輛擁擠，多處塞車，走走停停，到達時已過了兩點鐘，兒子飯後也剛回來，我們都傷心的望著他，哭喊都已無益，護士與朱先生都說他走得很安詳。

我看他靜靜的躺著，確是安寧平靜，不像昨天晚上他一直鼓著喉嚨與張嘴，作著無聲的語言，他迫使我去打電話。而溫先生與溫大嫂正巧今日有空來看他，他們才離開兩個多小時，而丈夫靜悄悄的，趁午飯時間兒子與我都不在旁邊，一個人獨自而去，這是爲什麼？我想不通。那時不容許我想，許多事情要等著辦理，但我想到丈夫的靈魂安息，所以請護理長幫忙代我通知十三樓的天主教堂，以及聯絡其他的一切事務。等到處理完畢，兒子和我離開長青樓時已近黃昏時刻。

那時我們都已哭腫了眼睛，一步一回頭依依不捨的離開了長青樓。

一路上，我還是在想「他爲什麼選擇那個時候，獨自靜悄悄的走了？」我實在想不出答案，心中永遠是問號，無限的痛苦、遺憾與哀思。

我想，假如那時我留在榮總長青樓，中午在病房吃飯，一直陪伴著他，結果又將是怎樣呢？人世間的事，誰能預料下一步將發生什麼情況？他的遽逝實在難以令人置信，我始終覺得他仍住在長青樓的病房。

那段痛苦的日子與情景，也永遠銘刻我心，不會忘懷。

85年3月9日青年日報

青山藍天爲伴

我唱過一首歌，歌詞是這樣的：「這人生內豈唯夢是虛空，人生比起夢來，有何不同？你瞧富貴繁華了入荒塚，你瞧富貴繁華入了荒塚，夢吧，夢吧，作到了這好夢呀味也深濃……」

這首歌題名爲「夢」，雖有人生如夢之感歎，但並不消極，在鼓勵人們在世作一場好夢。所以我也一直努力著，希望能夠作一場人生好夢。別說荒塚無暇想到，就連死亡也不憂懼，那是遙不可及，別人家的事與我毫不相關。

丈夫也常說現在醫藥發達，人的壽命都在延長，現代人活八、九十歲不算稀奇，只要自己無不良嗜好，生活正常，平時多注意保健。他如此說著，他也非常自信，所以他退役之後，便慢慢地按照他的興趣繼續研讀易經義理，曾寫成「周易要義」出版，而後再計畫選取二十五史所記載之史實來引證周易各卦，已寫「周易史證」手稿十餘冊，他預計過三年後完成。

然而，一向健康沒病的他，卻在半年前體檢時發現了自別處轉移而來的肝癌，這對我們一家人而言眞是青天霹靂。但我們仍有勇氣來面對，認爲癌症並不一定就是絕症，因親友中有多人抗癌成功，所以我們便一致努力抗癌。按照醫生的指示作各種醫療之外，並看各種有關抗癌的書刊報導及找各種秘方。然而人力是那麼的微弱，挽回不了一個即將被上天召回的生命。

聖經上有一章節談到死亡，內容是說死亡像一個小偷，不會告訴人家什麼時候來到，而偷偷地光顧。

死神來臨了，偷偷地奪去人的生命，因此丈夫沒有完成他的心願，因癌症而遽逝，埋葬在五指山國軍示範公墓。

那天七月廿九日，該是艷陽高照煥熱的夏日，卻飄著微微細雨。我們一行五人，丈夫的堂弟周舟、弟妹心梅、姪女莉莉及姪女的小女兒書慈和我，由伍司機駕車駛往內湖大湖山莊，由大湖街走向長青山莊，經老爺山莊，而後轉長春路到了汐止的五指山。

因預先約好，我們就依約先去看軍墓處劉處長，他陪著我們去看先夫的墓地。這天，丈夫已離世六十二日，墓穴墓碑等都已竣工。劉處長曾說，因爲天氣太熱，種植的樹木存活率不大，但當我們到達時，在我眼前的大環境盡是一片濃密的翠綠。先夫的墓穴周圍也已長著幾株小小綠樹，比我想像中的要好。

這時，使我聯想到「荒塚」，這在我眼前的不是荒塚，而是有著良善管理的國軍示範公墓。這經過整體規畫，於民國六十九年（一九八〇年）四月起籌建、施工，至七十一年三月廿九日落成啓用。採中國傳統式之軸線設計觀念規畫，以大門及國民革命軍陣亡將士紀念碑爲軸線之起迄點。在軸線兩側按功勛及軍階共區分爲特勳區等八級墓園，沿軸線兩側延伸配置。凡現役軍人在作戰因公死亡，或退役者生前奉頒勳章，支領退休俸等等都可依規定申請。

我在先夫墓地仔細觀看，看到墓穴上方刻著先夫的姓名官階生歿年月日。旁邊赫然發現了「唐潤鈿生於一九二九年……」那是我自己的姓名與出生年月日，而兩者顏色相同。通常亡者用金箔色書寫，存活者用紅色，因是同一原色在我眼前顯現，使我一時迷惑了起來，我現在是站著，還是躺在裡面？我沉思了一會，內心陣陣酸楚，對人生興起無限感慨。

我現在是站著，將來也總有一天會躺在裡面。人生苦短！誰能對自己有把握可活到多少歲？人太脆弱太無能了。人的壽命掌握在造物主手裡，祂怎麼安排，人就得唯命是從，不能在世多留一日。

我想著丈夫生前種種，忽抬頭在我淚眼模糊中看到了藍天，原來頭頂上的烏雲已飄散，微雨已停，遠處的炎陽躲在飄忽的烏雲裡，散發出絲絲閃閃金光，濃密的青山上的綠葉被剛才濛濛細雨洗刷之後，顯得更是青葱可愛。

劉處長說：「等一下有位陳上將要移靈過來……」

這使我想起我跟他通電話時，他早已提及，所以我們依約定時來到。因此我也即刻向他道謝，而後道別。望著他下坡的身影坐上他的公務車，急急駛向他的辦公室。

我的眼淚又已盈眶，同時在先夫墳墓前獻上鮮花水果祭拜之後，也就緩緩地依依不捨地離開，那是因爲丈夫安息於此，而那五指山的青翠與藍色天空也著實令人迷戀。我想到我的將來也會安息於此，何嘗不也是人生完美的終點站。永遠與藍天青山爲伴。自己也融入自然美景之中，人來之於塵土，而歸之於塵土，能以大地青山爲床，藍天爲蓋，確也是一件賞心樂事。

在歸途中，又發現了一個牌示：「小心開車，別壓著蝴蝶。」五歲的小書慈她又在高興地數著，說：「我看到了一隻蝴蝶，兩隻、三隻……啊，九隻了，這隻特別大，特別漂亮，……喔，那邊又有一隻兩隻……」

那時，我自己好像也羽化了，在青山間飛舞。但是那天，我還是回到了喧鬧的台北市區，回到了自己冷清的家。

家，仍是我現今安身之所。

85年1月14日青年日報

樓下鄰居失火

我在睡夢中被煙薰醒，我想那家神經病半夜裡還燒什麼東西？會不會像我那夜一樣焚香燒紙錢？

那是先夫周大利辭世五七之日，那天因程神父有事不能在清晨做五七追思彌撒，要延遲至次晨舉行。是日午夜我醒來後，想到丈夫已離去一個多月，清晨七時要望彌撒，又想到再過三天我依約要去榮總作大腸鏡檢查而害怕，同時對人生世事興起許多感觸，便睡意全消。因此，我半夜起來祈求平安，並唸玫瑰經，而後在丈夫遺像前點燃了三支香，祈求上主遣發天使護佑引導他，領他升天國享受永遠的福樂。而又想到信佛教的嬸嬸在白天送來的兩大袋錫鉑紙錢，於是我就拿了一袋倒入一個有洞的鐵桶，用火柴點燃就在陽台上焚燒，冒出小小火光，我怕驚醒鄰居，希望快快燃燒完畢，站在旁邊觀望，我聞著那濃濃煙味很不好受，於是我走入客廳，關上落地玻璃門，隔門觀望著桶中的紙錢發出嬝嬝煙霧，在火光中又化爲灰燼，這也是我幼時在家鄉逢年過節祭祀祖先的景象，童年往事歷歷在目，但又似雲似煙的飄散而逝。

我被煙薰醒的那晚，我也直覺地以爲也是有人像我一樣，是夜晚睡不著覺後的傑作。所以我翻個身打算再睡，但是煙味覺得有點異樣，而且聽到有許多人在講話，我就起來走到陽台向外觀望，看到路口有輛救火車，我就打了個電話給住在隔壁的嬸嬸，問她有否聞到煙味？她說沒有，我要她醒著別睡，可能附近有人家失火。

煙味愈來愈濃，我撥了一一九，告以附近有濃煙，好像有人家失火了。對方問我住那兒，我說三民路並說門牌號碼，對方說快上樓。我說爲什麼要上樓，火災不是應該向下向外跑嗎？對方問：你住幾樓？我說五樓，對方又說：那你快快下樓，現在已有消防車在了。

我嚇得即刻掛上電話，也沒問火災發生在那兒？便又打了電話給嬸嬸，告訴她我們這兒附近有火災，快快準備下樓。我發覺自己穿的是破睡衣，便換了衣服，裝上假牙，但忘了戴眼鏡，背了兩個皮包奪門而出。對門鄰居也出來了，上小學的小弟弟嚷著：「火災，關上電源。」被他提一後，我又進去關電燈，也順手拿了濕毛巾，摀著鼻子，去按隔壁嬸嬸家門鈴，並嚷著：「嬸嬸，我們快走吧！」

她老人家背了皮包與帶了些細軟出來拉上了門，還想從皮包裡取鑰匙加鎖兩轉，因慌張摸不著鑰匙，我在旁更著急，說：「不要找了吧！門已關上就好，逃命要緊。」

當我們走到電梯門口，但火災是不能搭乘電梯的，而那時電源已關也停駛。我問九十歲的嬸嬸，能走樓梯嗎？她說，能。於是我們兩人扶著樓梯扶手慢慢地自五樓走到了一樓。那時鄰居們已聚集在那兒，他們望著姍姍來遲的我們，說：「火已經控制了，可以上樓睡覺了。」

我看看手錶是七月四日午夜三時五十分，也可以說是七月五日凌晨。

我們不馬上回頭上樓，我想知道火災到底發生在那兒，有一家鄰居，先生鼻子有點黑灰，太太額頭也有點黑，孩子臉上更是髒髒的，原來他們住在二樓，是他們樓下起火，濃煙薰黑了他們的臉，也薰醒了他們而即時報警，所以派來了消防車。

我好感激他們，假如他們不即時報警，或消防車不及時來救援，火冒出來後，延燒到二樓三樓，我正是他們上面的五樓，可能我們這大樓的百餘家都會波及，眞是不堪設想，恐怖至極！

我想想自己也更是幸運，假如火災早一天發生那慘了，因我被安排在七月四日上午八時半要在榮總作大腸鏡檢查，前一日吃無渣食物，只能喝水、果汁與茶等，連牛奶都不能喝，而且下午又吃瀉藥，到半夜我已瀉得軟弱無力，那還有體力走路？而我本來就有一個毛病，在餓又加上緊張時便會暈倒，我又患有骨質疏鬆症，三年前因遭公車所撞而右臂粉碎性骨折，受痛受苦，半年後才痊癒，且還留有一些後遺症。最近因丈夫病逝，更是心神恍惚，這次有驚無險的火災若在早一日發生，即便能及時援救，對我而言可能就先遭殃了呢！我深自慶幸，感謝上主賜我平安。

七月六日晚我聽了「回憶常在歌聲裡」——紀念抗戰勝利五十週年音樂演唱會後回家時，見到有三輛救火車駛過，我已走到大樓門口，見到管理員方先生正從櫃台座位站起，我說我看到有救火車駛過，不知那兒又發生火災了。他說：「是啊！剛才有人說我們這邊一樓餐廳的門縫裡在冒煙。」他邊說邊急急奔了出去。我也即刻上樓，按了嬸嬸家門鈴，說樓下餐廳在冒煙。嬸嬸叫我快回家拿重要的東西。

我開了門與燈，正在慌張地拿細軟時，聽到剛自外回來的對門鄰居在跟嬸嬸講話：「不是失火啦，是餐廳在噴灑殺蟲劑做消毒等工作。殺蟲劑的煙霧從門縫飄了出來，被對門馬路的鄰居發現，以爲裡面失火在悶燒，這是一場誤會。」我聽了對話，才鬆了口氣。與她們打過招呼後進門，軟弱地跌坐在客廳沙發上。望著沒有打開的電視機，但在螢幕上似乎已映現可怕的熊熊烈火。

近來火災連連發生，大家談火色變，都成了驚弓之鳥。別說是樓上樓下，同樓的鄰居，即使是隔馬路對街的遠鄰，也都是生死與共，別說是財物的毀損了！我們大家都眞該隨時隨地提高驚覺，小心火燭！

84年9月7日青年日報

我跌倒又重新站立

人生最痛苦的事是自己或家人生病，或者有意外災禍發生，就在今年八月以前的八個月裡，卻全被我遇上了，眞所謂「禍不單行」。我幾乎跌倒在痛苦的深淵裡永無脫身之日。然而，我有幸能平安地走了過來。

八月十四日那晚我一人在家，從浴室出來，正跨出門口便滑倒在浴室門外，我戴的玉鐲斷成四塊，我想糟了，我有骨質疏鬆症，手臂一定又斷了。三年前一次小車禍，我因骨質疏鬆而右臂粉碎性骨折。

於是我伸伸雙手，還好沒摔斷。便想站立，可是右腿就使不出力無法站起。我只好慢慢地爬到客廳，打電話給住在隔壁的九十歲嬸嬸。我說我的右腿骨摔斷了，我要打電話給一一九送我去急診，可是門被我拴上了，嬸嬸不能用鑰匙開門，她要我先開門再打一一九，我想也對，於是掛上電話。這時右腿痛了起來，千辛萬苦地爬到門口，就是無法開門。因此嬸媽打電話給她的兒子與姪子，即我的堂弟和表哥哥，不久他們都先後來到，而我在疼痛與緊張著急情況下，汗流浹背，衣服濕透，口又渴，再下去可能要休克了。

所幸我命不該絕，慕川弟找鎖匠，他們說只會開鎖，後又找了鐵門師傅，得以把門打開。一一九也派來了救護車，我在聲聲喊痛中由鎮國哥嫂陪同下送到榮總急診部，已近午夜十二時，次日動了手術。然後住進一八三病房十四病床，與比我早一天動手術換左膝人工關節的陳太太為鄰。陳太太有三子二女，個個孝順，輪流照顧她，我因兒女不在國內，早晚都雇請看護照料，卻有幸而分享到陳太太一家人母慈子孝的和樂氣氛。我每天也都有親朋好友來探望，倒也不覺得孤苦寂寞。

一週後出院回家，回家後第一件事我就打電話把斷腿之事告訴在海外的兒女，他們知道我摔斷了大腿骨還動手術，很是著急擔憂。我要他們放心，我說我已度過了最痛苦與危險時刻，現已平安回家。雖有諸多不便，但有四腳助行器可以幫助我。

後來親友們知道我已出院，他們也都很關心我，來舍下看我，還送我吃的喝的。連遠在海外的老同學淑清也知道了，曾多次電話找我，因我搬了家無法聯絡上，她遂向住在台北的老同學打聽，得知了我家新電話。因此她跟我隔著重洋在電話中問我腿傷與近況，於是我將今年所發生的慘痛大事據實以告。

我的大腿骨跌斷了，手術後已用鋼片連接了起來，現在已經不腫，也沒有以前疼痛。複診時醫生要我以後練習走路，少用助行器，所以我想我的腿大概不會殘廢。

至於我先生的癌症，已在去年動了手術，自今年元月十五日起，每週一次去榮總作化療，因路遠，我們所住公寓又沒電梯，很不方便，因此賣屋買屋換住了現在有電梯的三民路房子，就在四月搬家，他在新家只住了一個晚上，次日清晨因不適又住院，於五月廿七日去世。他住院時兒子與女兒都回來了。而女兒女婿因工作關係廿六日帶著一兒一女離台赴美返回僑居地。當他們到家時，也正是她父親嚥下最後一口氣的時候，女兒得知噩耗，很想即刻返台。奈因她兒女幼小需要再作妥善安排，我認爲她已在父親病時回來過，比回來參加喪禮更有意義而作罷論。

當我向老同學淑清述說痛苦往事，不禁唏噓淚下，她隔著重洋安慰我、鼓勵我。要我好好休養，並邀我腿骨痊癒之後和老同學雅文、汝述、德訓等一起作伴到洛杉磯去她家小住，然後同遊。我好感動，也萬分感激。連連道謝，並問候她的另一半與祝福闔第安好。

在台北的教友、文友、同學與親戚也曾多次的來看我、幫助我，我有無限的感恩與道不完的謝意。

一天住在基隆的張太太來看我，她認爲我今年禍事連連。一定與閏八月有關，使我也聯想到「一九九五年閏八月」那本書。張太太確信閏八月會給人帶來噩運，袪除噩運的方法應該讓女兒煮豬腳麵線來吃。而我女兒不在身邊只好讓姪女周莉煮了豬腳麵線。我倒並不是在意袪除噩運，而是照顧我日常生活的春梅是素食者，她不會也不太樂意燒葷菜。姪女帶來很多豬腳，吃了一個星期，我對豬腳的興趣大減，即使眞能除惡避邪、去晦氣與噩運，我也不會再要豬腳麵線了。

許多人確受「一九九五年閏八月」那本暢銷書的影響，賣屋賣地，紛紛飛向海外，引起移民熱潮。

女兒也曾經要我去她家住一陣，也許也是受「閏八月」影響，也許是看我慘遭人生折翼之痛，一個人孤零零地住在台北，她不放心。萬一有病痛，沒人照顧，萬一……她沒有明說，但我可以猜想得到，我說我會平安無事。過些日字我會來看望你們，或住上一陣子。目前不能來美的重大理由，是埋葬在五指山的老爸墓地還沒竣工，而且炎炎夏日不適宜種植花木，要等秋涼或明年春天之後，我要看到綠意圍繞著墓地我才放心赴美小住。

女兒同意我的決定，但她也許也期望著我能改變初衷，突然的有一天我會像驚鴻似的飛到美國。如今，她失望了，我斷了腿骨，不良於行，不可能遠涉重洋。所以她三天兩頭常常來電話噓寒問暖，表示她的一片孝心，也請人送來一個藤製花籃，置放蘭花與長青葉各一盆，卡片寫著他們兄妹和她先生的名字。這花籃是他們孝心形之於外的代表，讓我天天看到，他們也猶如天天在我眼前。

這些日子我每天面對著那籃長青綠葉，然無能為我助一臂之力，所有一切全賴親朋好友與鄰居來幫助我，得力最多的，是我花錢雇請來照顧我日常生活的春梅。可是，人若要完全依賴別人而不能莊敬自強的話，那眞會日夜痛哭流涕，感歎哀傷不已呢！

如今春梅離開另有高就。別說葷菜，就連素食也沒有了，一切都需要我自己料理。在這轉型期的社會裡，要雇個合適的人非常不容易。在我沒再找到合適人員時，只好自己慢慢地量力為之，好好照顧自己，愛護自己。後來總算又找到傭工，但是在農曆閏八月的最後一天，我卻發現放在抽屜內的一條金鍊與佩飾金牌不見了，因丈夫過世後我心情不好，取下一直未戴。我好心疼，我難過，我生氣，就辭退了她。

這一九九五年對我而言，似乎眞是帶來了噩運。親友們都同情我的際遇，可憐我的孤苦寂寞，怕我禁不起打擊，來助我、鼓勵我。我確也認同這一切是人世間的自然法則，誰無病痛？誰能永遠在世？誰會長生不老？誰沒遭受意外損失？雖然我曾爲此激動、痛哭、感傷、哀愁、氣憤，但時間是良藥，現在我已慚漸平復，利用我的寂寞，把往事付諸文字，也正是「一九九五年閏八月」爲我帶來噩運以外的收穫，記下了我的慘痛、人生的無奈，與人間的溫暖。

當我完稿之時，我的斷腿也能站立，可以不用助行器而在屋內一拐一拐地來回走動。我想，不久我必能行動一如往常，我活在希望與信心之中。

85年1月4日青年日報

彩色人生

我不會畫人物，現在居然也敢用粉臘筆畫自畫像與新婚像等。我說我敢畫，並不是說我畫得好，而是我有勇氣畫。我該感謝這三個月來劉老師的教導。

這是如何的巧合，如何的美好哇！那天我正巧到民生社區活動中心，看到臺北市社會局的一則新聞稿，大意是說，年滿六十歲的長者可以參加一項短期研習活動——阿公阿媽國民美術班。

我很好奇，又對美術有興趣，所以報了名。今年元月九日起上第一堂課，以後每週一堂課。當天同學濟濟一堂，劉老師讓每位同學自我介紹，有家庭主婦，有從各行各業退休的男女長者。最年長的虞先生已經八十六歲，他神采奕奕，除了白髮之外，看不出一點老態。班上最年輕的就是劉秀美老師。

劉老師的教學方式著重自由創作。第二堂課，老師要我們帶鏡子，畫自畫像。我從沒畫過，怕當場出醜，就先在家裡練習對鏡自畫，但不知如何下筆。勉強畫成，很不滿意。上課時老師教我們如何畫，還是畫得很糟。

我很氣餒，眞想打退堂鼓。可是，一股堅毅不屈的傻勁支持著我，我告訴自己再試試。我現在有的是時間，上課地點又離家這麼近，散步就可以走到了。有了天時地利之便，眞該好好把握。因此我鼓起勇氣，繼續學畫，也從沒缺席。

如今，時光流逝，即將三個月期滿。每一個老學生至少要交兩幅畫，共同裝成一冊，送呈社會局作爲「國民美術班」的結業成果。這本「結業成果」中，劉老師選了我的三幅畫，一是海景，二是童年的遊戲——踢毽子與跳繩，三是畫我四十三年前的結婚像。雖然畫得不好，但是「敝帚自珍」。

我非常喜愛這個「國民美術班」，使興趣相同者團聚在一起，努力學習，沉緬於繪畫的快樂氣氛中，而忘卻老之將至。美好可愛的往事成爲一幅幅彩色的畫，加上目前的景致與未來的憧憬，將連綴成彩色的一生。

這類美術教育若能廣爲推展，將使更多的老年人在人生旅途的暮色中增添一抹可喜的色彩。此外也可爲子女兒孫做示範。

只要我們有心學習，彩色的人生，掌握在自己手中。

86年4月3日國語日報「家庭版」

似夢？似眞！

許多人都認爲人生虛空，猶如一夢，而我兩年前寫了一篇短文「眞實的夢」，應徵聯副以三百字形容新年的徵文，僥倖錄用刊出，後收錄在黃秀慧主編的「新極短篇」一書內。（附註：是書屬於「聯副文叢19，全民寫作②」）

那篇拙文的內容記述我離別了四十八年的胞妹潤俅自故鄉上海來臺，這是我作夢也沒有想到的事。

十餘年前，我與潤俅在香港親戚家會面，當我們道別時，她肯定地說：「姐，我希望你回家鄉來看看。」我雖應著「好」，但內心在想：「能嗎？恐怕只是在夢中。」因我們兩人生活在兩個水火不相容的世界裡。後來由於政府開放政策，我得以返鄉探親，由夢成眞，我樂不可支。但家鄉的一切卻已改變，人事全非，使我如入夢境般的迷茫。

「一九九五年閏八月」一書，預言將是臺灣變天之年。然而，一九九五年，卻是在臺北的我，家逢多事之秋，丈夫癌病，搬家，他去世，我摔斷大腿骨並動手術，申請俅妹來臺，故潤俅與妹夫於十二月底抵臺，在臺北住兩個月，因此可以在臺北過新年，這人世間的一切，對我而言，是眞實的事，但卻又如在夢中一般的迅速變幻。

我就是這樣簡略地記述著我當時如同在惡夢中的恐怖悲痛情景。此後，我更擔心跌落在那惡夢中永無夢醒時分，因我患有嚴重的骨質疏鬆症，我怕我的餘生何等孤苦地在輪椅上渡過，因兒女在國外，雖然那時在臺北的親戚、同學、鄰居、教友、文友等都熱心相助與鼓勵我，在莫斯科工作的兒子也回來探視陪伴，而我的心情非常惡劣。

旅居在美國的女兒剛返臺後回美不久，因工作與子女幼小出門不便，一時不能再返臺，她希望我赴美去他們家住一陣。我覺得要我去一趟美國，眞像是登天一般的困難，腿痛、心煩，我有生不如死的感歎。人生的生死問題也一直在我的腦海迴旋，但當我想到我是天主教徒，該愛人，當然更該愛惜自己的生命。

我不能自絕，要好好的生活。但如何生活下去？這更是問題，在醫師、神父、修女與親朋好友的鼓勵與自己的體驗省悟，要活下去，自己就得站立起來，並且必須起而行，毅力與時間是我的良藥。因此，我不厭其煩地作著醫療與自我的復健運動。我總算可以用拐杖支撐著走路時，我決定去女兒家小住，但沒有人作伴，我只好請旅行社代購機票，並要求航空公司輪椅服務。

一切準備就緒，並定於前（一九九六）年七月十九日搭機赴美，到了聖路易女兒女婿就會來機場接我。可是在我登機的前日，美國環航的一架飛機在紐約上空爆炸，使我心驚膽顫，我爲自身的不良於行，又怕空難事件，眞是恐懼不安到了極點。然而不得不按著原訂計劃到了中正機場。所幸租車司機幫我提送行李，後又遇到好心的旅客助我，不久航空公司服務員以輪椅送我上飛機。

我是第一個登機的客人，在偌大的飛機中只有我一個乘客，倍感孤單。過了一會，旅客陸續登機。但是我身旁的兩個座位一直虛位以待，到最後才有人入座，是一對夫婦，在交談之下，知道馬太太是一位退休的小學老師，眞是那麼巧，我們竟同住在民生社區，是同一條馬路的對門鄰居。他們兩位要去德州看兒孫，我們同在洛杉磯轉機。因旅途有談得來的同伴，一路上話題不斷，沖淡了不少我的痛苦愁緒。

後來，大家都感覺到長途飛行是很累人的，於是我們相約都該閉目養神。由於我出發前的恐懼不安，夜晚沒有睡好，因此一闔眼便進入了夢鄉。

我看到八十八歲，已去世一年半的叔父躺在床上，說要我送他，我看見堂弟過來，我就跟他說：「你送吧，你是兒子。」他害怕站在一邊不動，而叔叔說話了：「你們都不送我，那我自己走了。」於是從床上坐起，從窗戶飛了出去。

叔叔在天空飛翔，與人握手，我的丈夫也跟他握手，他們好像是在一個「派對」裡，彼此握手寒喧，忽然聽到有人說話，並有孩子哭鬧聲，把我吵醒，原來機長報告，因有亂流，請旅客繫安全帶。我發現自己在飛機上，剛才所見是在夢中。

這夢給我帶來了不安，因爲夢中所見除了一二人是在世的親友與一些不相識的陌生人，其他全是已故的親友，是不是也意味著我即將追隨他們而去？我又想到空難，飛航安全等問題。看看鄰座的馬太太和馬先生也都已醒來，但我不敢跟他們談我的怪夢，以免引起他們的不安。而我自己愈想愈怪，也愈害怕。但為了自我安慰。我想，人總有一死，假如能到得了天堂不也是人生的最終目標？不過，我還是貪生怕死。我寬慰自己，我剛才並沒有參與派對，也沒有飛翔，只是一個旁觀者，大概還不會升天吧！

因此我與馬太太仍閒話家常，彼此留了美國兒女家的電話與臺北的地址電話，他們賢伉儷九月初回臺北，我在女兒家住了近三個月，平安回到臺北之後，首先想到該與馬太太通個電話，現在我們成了常通電話的朋友。

我在恐懼不安艱困的旅途中，卻使我意外地遇到一位鄰居好朋友，這是造物主的一樁巧安排，也眞像是一個奇特的夢，使本不相識而近在咫尺的街坊鄰居，安排至高空中相會相識。人生的種種，無論大小事件一切都難以預料，也可說是「人生若夢」。

然而，人生在世唯有自己可以作主，作決斷的是「擇善固執」，不要「杞人憂天」，小心謹愼前行，必將進入另一個意料之外的奇特夢境。

時光流逝，如今已是一九九八年的春日，眼前又是一片繁花似錦，景色迷人，多美，多可愛！

愛美是人的天性，我也不例外。自幼我對美的景物有偏愛，有很想畫下來的衝動。可是心有餘而力不足，平時常為雜務瑣事牽絆，雖曾多次學畫，國畫山水與短期的花卉及人物，但三天捉魚兩天曬網，毫無績效收獲。

此刻，在春日的夕陽餘暉中，又興起了我想用彩筆來把美景留住的意願，這也是我作夢也沒想到的事，這是夢幻？還是眞情實事？

但無論如何，在我人生旅途的暮色中，映現了可喜的彩色美景。我從痛苦不安、心靈煩悶抑鬱中走了出來，這是真事！

後記

三四年前，我慘遭人生大變故，丈夫癌症、病故。我自己骨質疏鬆，跌斷大腿骨動手術，不良於行，兒女在國外。我獨自一人陷於孤苦之中，痛不欲生。

但在週遭的親友都伸出溫暖的援手，以眞誠純潔的愛心來協助關懷我，當然也包括遠在海外兒女的關愛，使我走過了灰暗痛苦的日子。有道不盡的感謝之意與說不完的感恩故事。

這一切都是天地間的大主宰賜給我的福份，所以我每天早晚都要向天主祈禱與感恩，也求上主賜給善心人士都能享受走過痛苦的福份，和珍惜現時美好的一切的慧心，大家都能知福惜福，體驗平安即是福。

在我行動不便之時，利用靈活的雙手（多年前右臂因小車禍曾粉碎性骨折，經治療後已痊癒），整理往日發表在報刊上的文字，有散文、小說、書評書介與爲青少年寫的生活法律故事等等，分編起來大概可以出好幾本書。可是，現代人對文字似乎沒有興趣，出版事業不景氣，尤其對文藝書籍，使出版界敬而遠之。

我對我那一篇篇一疊疊的剪報，眞想束之高閣封存起來，或扔了，或者索性燒掉，也好爲環保減少些垃圾，那時，我對寫作的熱度降溫到冰點。不久，不知那兒來的一股力量？卻又激勵我重新執筆，寫下當時的心情，也整理了蕪雜的剪報。最近我選取了六十四篇散文，決定以「彩色人生」爲書名，以內容性質不同，分爲四輯。

㈠人間神話——記述人間不尋常的人與事，以及宗教信仰，闡述人間有眞純的愛與關懷，處處溫馨，天堂猶如在人間。

㈡心聲心語——此輯記述我自己的所愛、所見與所感，說明志趣深情，滋潤豐富我們的生命。

㈢行腳留痕——記旅遊參觀之感受，說明旅遊參觀增近見聞，對我們身心均有益處。

㈣悲歡人生——描繪人生無常與老病死亡的無奈。人生的際遇變幻，如同夢境，轉瞬即逝。歡樂該把握珍惜，悲痛時需堅毅面對。

主旨是在說明，人的命運掌握在自己手中，以何種色彩來描繪自己的一生，也全靠自己來完成。這與佛教的因果報應，和我們中國人的傳統觀念「善有善報，惡有惡報」相吻合。

至於「基督教救贖論、衛理公會的有條件的預定論、天主預知一個人要作什麼，而不是天主先決的預定……。耶穌基督的死亡給普世人帶來了救贖，不過，耶穌的救贖按每一個人的信德產生效果……，人有自由意志，來決定自己得救或受罰。這與美國的整個社會的風氣和思想相吻合。」（見王敬弘神父著：《神思與教會》第十六頁，光啓出版社，民87年3月出版）」

善與惡，美與醜，付出與得到的觀念，無論古今中外都相同，我們都該向上向善、避惡遠醜，社會才會安和樂利，人人享受幸福平安的生活。

感謝文史哲出版社老闆彭正雄先生，在出版事業如此不景氣的時刻，能不計盈虧的慨予出版，這是我始料所不及，令人欣喜，也令人感動。

這在價值觀念改變，亂象叢生，物慾情色高漲的時下社會，出版淡然無色的書，可能是一冒險之事，但也許爲扭轉社會風氣，改變人心的悲天憫人的冒險之舉，來拋磚引玉吧！

感謝天主，也祈求上主，願我們社會上每一個人都能有一顆眞純誠意的愛心，來愛己，愛人！

每個人的一生，都將充滿美麗可愛的彩色美景！

唐潤鈿記於民國八十七年三月「彩色人生」付梓出版之前，適逢清大準碩士為三角戀情——與同窗好友同時愛上博士班學長——而殺死同窗破案，令人惋惜、悲歎之日。

唐潤鈿作品目錄一覽

壹、文集（散文與小說）

一、文學家的故事（傳記） 二〇四頁 六十四年十月初版，臺灣商務書館印行 七十五年十一月第二版

二、石縫小樹（短篇小說） 一八六頁 六十九年十月臺北市黎明文化事業公司

三、革命詩僧——蘇曼殊傳（傳記） 二一四頁 六十九年十一月 臺北市近代中國出版社

四、瓜與豆（散文集） 二四二頁 七十五年十月 臺北星光出版社

五、好書引介 三一〇頁 七十五年十二月 臺北鹽巴出版社

六、書僮書話 三五〇頁 七十二年二月初版 七十七年九月增訂再版 文史哲出版社印行

七、愛的祝福 二四二頁 七十九年元月初版 （散文集）與王令嫻合著 臺北爾雅出版社
（爾雅叢書之二四四） 八十三年五月十日 二又$\frac{1}{2}$印

八、生活法律故事 二二三頁 八十一年十二月 臺北市國語日報出版部

貳、電視劇

一、王冕的故事（兒童電視劇）　半小時　五十三年七月二日　臺視演出
二、曲終夢回（單元劇）　一小時　五十七年五月廿二日　臺視演出
三、晨霧（單元劇）　一小時　五十八年九月十五日　臺視演出
四、謝安（單元劇）　一小時　五十九年四月廿三日　臺視演出
五、手術前後（單元劇）　一小時　五十九年八月十日　臺視演出
六、驚魂記（單元劇）　一小時　五十九年十月二日　臺視演出
七、良宵之約（女教師劇集之五）　一小時　六十年十二月一日　華視演出
八、送禮（開心花劇集其中之一）　二十分鐘　六十二年二月十二日　中視演出

叁、獲獎類

一、耕耘與收獲　民五十五年獲教育部電視劇佳作獎
二、手術前後　民五十五年獲教育部電視劇佳作獎
三、戚繼光　民五十八年獲教育部徵求民族英雄通俗故事入選，後列入「歷史人物故事」一書，由正中書局於六十一年出版
四、謝　安　同右
五、醒（獨幕劇）　民五十八年獲李曼瑰教授姐弟爲紀念先翁李聖質先生設立之宗教劇佳作獎。
六、陰後晴　民五十八年獲臺灣新生報與臺製聯合舉辦「小鎮春回」徵文佳作獎，於十一月

十日在新生報副刊出，已收入「石縫小樹」一書中。

七、家（多幕劇） 民五十九年獲伯康戲劇創作獎，多幕劇第二名（第一名從缺）錄入僑聯出版社出版「伯康戲劇創作得獎——多幕劇、獨幕劇第五集」

八、石縫小樹 獲中央婦工會慶祝建國六十年徵文，得佳作獎，於六十年九月婦友月刊刊出，與其他短篇結集成書，並以此篇爲書名。

九、姑媽 民六十年獲教育部徵求倫理故事入選，並收入「石縫小樹」一書中。

肆、廣播劇

一、人約黃昏後 一小時 民國七十年七月十二日 中廣播出

二、姑媽 一小時 民七十年十二月二十日 中廣播出

三、坎坷詩聖——杜甫 七十一年二月八日—二月十三日 中廣播出

四、愛國詩人——陸放翁 七十一年四月十九日—四月廿四日 中廣播出

五、性靈派詩人——袁 枚 七十一年十二月六日—十一日 中廣播出

附註：杜甫、陸放翁、袁 枚均屬「中國歷史廣播劇」，每一人六集，每集半小時，一週播完。

伍、編輯

一、第一次全國圖書館業務會議紀要 六十一年七月 國立中央圖書館印行

二、中國近代人物傳記資料索引（中華叢書，國立中央圖書館目錄叢刊第十二輯） 六十二

年 中華叢書編審委員會印行

陸、兒童讀物

一、外交鬥士——蔣廷黻的故事（近代中國青少年通俗讀物叢書第三輯第七冊） 七十二年六月

二、中華革命黨的故事（近代中國兒童連環圖書叢書） 七十二年六月

三、我們的政黨 同右

四、中國國民黨的傳承 同右

五、媽媽在美麗的花園裡（兒童小說）將於國語日報少年版刊出